モンゴル、中国から歴史認識を問い直す

ロシアとは何か

что такое россия

宮脇淳子

扶桑社

プロローグ　いまなぜユーラシアから見た世界認識が必要なのか

世界史からロシアを見る、とは、どういうことでしょうか？　また、いまロシアの歴史を考えることにはどんな意味があるのでしょう？

二〇二二年二月に始まったロシアによるウクライナ侵略はいまも戦闘が続き、世界を大きく揺さぶっています。こんなとき、悠長《ゆうちょう》に昔のロシアの話をすることにどんな意味が？　と思う人もいるかもしれません。

いいえ、正確に言うと、揺さぶられているのは私たちの〃世界認識〃ではないでしょうか。この現代に、大国の軍隊が隣国に攻め入り、掠奪《りゃくだつ》や虐殺《ぎゃくさつ》をしている。それを私たちの民主主義は止めることができない……これが私たちに不安と恐怖をもたらしているのではないでしょうか。

ロシアがいまのようなロシアになり、二十一世紀のこんにち戦争を起こした、その理由を、動機を知りたい、考えたいと思いませんか。

それには私たちの〃世界認識〃をアップデートすることから始めるべきではないのか。

それが本書の企画の始まりでした。

★二〇一四年、ロシアのクリミア侵略に失望した私たち日本人

いまのロシア連邦の前身はソビエト社会主義共和国連邦（ソ連）です。かつてアメリカ合衆国とともに世界を二分した大国ですね。

しかしソ連は一九八八年から内部分裂を起こし、九一年に連邦国家としての存続が終了してしまいました。いわゆる「ソ連崩壊」です。

ウクライナ、ラトビア、エストニア、リトアニア、グルジア（現・ジョージア）、ベラルーシ、トルクメン（現・トルクメニスタン）、カザフスタン、キルギズ、ウズベク（現・ウズベキスタン）など多くの共和国が独立して連邦を去りました。そして、ソビエト連邦の中心だったロシア共和国が、独立しなかった（できなかった）他の共和国を率いてロシア連邦となり、〝ソ連の後継国家〟を名乗ったのです。

ここで改めて思い出してほしいのですが、私たちの日本はロシアと国境を接している隣同士です。が、大多数の日本人にはロシアは縁遠い国でした。地理的に近い北海道やウラジオストク航路のある富山などに住む、ごく少数の日本人はロシアを意識していたでしょうが、ソ連邦が解体してロシア連邦になったことに多くの日本人がどれだけ関心を払ったか、心許《こころもと》ないかぎりです。

ロシア連邦はソ連崩壊後の経済危機をなんとか乗り切り、国内の治安問題なども抑えて、先進国首脳会議（G7：仏米英独日伊加）に参加するようになり、九八年バーミンガム・サミッ

トからは正式参加国となって呼称も「G8サミット」と変わりました。二〇〇三年からは全日程へ完全参加、名実ともに主要国に数えられるようになったのです。

日本は第二次世界大戦の敗戦以後、アメリカと完全な共同歩調を取りましたから、冷戦期は西側の一員としてソ連・中国・北朝鮮などと対峙しました。ソ連崩壊後は、生き残った社会主義体制の大国である中国が経済面で成長するのにつきあいながら、政治的には自由・民主や普遍価値で対抗する、という難しい舵取《かじと》りをやってきました。

その間、ロシアのことは日本で重要なテーマになる機会が少なく、わずかに北方領土返還交渉が時折報道されるていどにすぎませんでした。経済ではエネルギーをはじめとする資源をロシアから買い、文化では文学やバレエなどの芸術が一部のファンに根強く支持されてきましたが、ロシアの一般的な知名度はソ連時代と比べるとどんどん下がっていったように思います。

私たち日本人は、ロシア帝国→ソ連邦→ロシア連邦と続いてきたあの国のことを、ほとんど何の注意も払わぬまま、「最近はG8になったくらいだから順調なんじゃない？」と等閑視《とうかんし》し続けてきた、と言えないでしょうか。

そして、「中国は思うようにならないし、アメリカまでも日本に厳しいことを言ってくる。こうなったらロシアと組むことで米中に対抗していこう」と〝ロシア・カード〟なる意見も出始めた頃でした。二〇一四年三月、ロシアはウクライナ領であるクリミア半島を侵略し、併合するという挙に出たのでした。黒海のリゾート地・ソチでの冬季五輪が閉幕してすぐのことでした。

これを見て多くの日本人は、「やっぱりロシアは乱暴だ、信用できない」とがっかりしたのではないかと思います。

一四年のクリミア併合以降、ロシア連邦はG８への参加を停止され、主要国はふたたびG７に戻ってしまいました。

しかしこの措置がどういった意味を持つか、私たち日本人はリアルに理解できていたでしょうか。「また日本にサミットが来ても、もうプーチンさんの柔道着姿は見られないんだな」ていどの感想しか持っていなかったのではないですか？

日本はまわりを海に囲まれているため、国境線というものが目に見えません。日本の歴史を振り返っても、領土が〝時代とともに拡大縮小を繰り返した〟り、国民が〝入れ替わることがあった〟などということは想像もできません。

私たちが学校でなんとなく教わったのは、昔からこの列島に住んでいた人びとがゆっくりと増えて、日本という国が自然にできあがった、といったイメージではないでしょうか。

じつはこれは、国や領土・国民といったことを理解するにはたいへん問題の多い歴史観なのですが、幼い頃からなんとなく刷り込まれたのでとても強いものです。それを疑ったり、自分で考えて組み替えたりするのはふつうの人にはなかなかできません。

もっと言うと、ふつうの日本人は、日本の皇統が「万世一系」なのもとくに不思議とは思っていませんし、国民のほとんど全員が同じ日本語を読み書き、話せることを当然と思っています。そして漠然と「他の国だって同じようなものだろう」と思ってしまう。

ですので、日本の外の大陸の国ぐにでは、大勢の人びとが昔から移動を続け、国境線はしょっちゅう変わり、国すらも頻繁に興ったり滅びたりしてきたため、〝歴史は激動が当然〟ということを、私たち日本人は肌で理解できていないのです。

★なぜ日本人のロシア・中国への予測ははずれてばかりなのか

ロシアがクリミアを占領し、傀儡《かいらい》国家のようなクリミア共和国を宣言させ、ウクライナから引き剝《は》がしてロシア連邦に編入したことを、またG8からロシアが排除されたことを、私たちはどう受け取るべきだったのでしょうか。

それから八年後、二〇二二年の年明け早々、ロシア軍は十数万人規模の兵力をウクライナとの国境へ集結させました。当初ロシアは「演習」と言ったり、「ウクライナ東部ドンバス地方でネオナチに虐殺されているロシア系住民を保護する行動」と言ったりしましたが、二月二四日、ロシア軍は国境を越えて首都キーウ（当時は日本でもロシア語読みのキエフでした）ほかウクライナ各地へ侵攻を開始しました。

陸軍の大部隊と大量の兵站《へいたん》物資が国境に集結・集積された時点で侵攻はもはや間違いなかったのですが、日本では「ウクライナのNATO加盟を諦めさせるブラフだろう」「いま戦争を起こしても損しかない。プーチンは理性的な判断をするはず」「ロシアには核兵器があるのだから実際の戦闘なんかする気はない」などなど、希望的観測や根拠のない平和論に基づいて「何も起きないはず」という予測が飛び交いました。それらの予測はすべてはずれたのです。

なぜ私たちは「恐ろしいことは起きないはず」と思ってしまうのでしょう。

なぜ日本人は世界の国ぐにの動きをきちんと予測できないのでしょう。

二〇二三年六月、アメリカのブリンケン国務長官が訪中し、「アメリカは台湾独立を支持しない」と述べました。前年来、中国は台湾にさまざまな圧力をかけ、とくに軍事的な圧迫を強めていました。ロシアがウクライナに侵攻したように、中国も台湾に侵攻するのではないか、との〝台湾危機〟の不安が、台湾だけでなく日本を含めた周辺国に広がっていた矢先でした。「アメリカは台湾独立を支持しない」発言を受けて、日本の一部には「アメリカは台湾を見捨てた。中国は台湾を独立させないために侵攻しようとしていたのだから、これで台湾危機はなくなった！」と大喜びする人たちが現れました。

でもちょっと待ってください。アメリカは一九七二年のニクソン訪中から、七九年には台湾（中華民国）との国交を断絶し、中華人民共和国と国交樹立して以来、一度として「台湾独立」を支持したことはありません。また、中華民国政府も「独立」と言ったことは一度もないのです。これは「匪賊《ひぞく》（ゲリラ）が〝中華人民共和国〟を名乗っているだけで、われわれ中華民国が正統な政権なのだ」、つまり独立どころかわれわれこそが中国の主だ、という従来からのたてまえ的主張をまったく変えていないのと同じです。

アメリカの国務長官が、昔からのたてまえを口にした。それだけなのに、なぜ日本には「アメリカが中国に屈した。これで危機は去った」と思う人たちが出てくるのでしょうか。歴史的にはたかだか数十年のいきさつなのに、なぜ正確に理解できないのでしょうか。

震災や原発事故、またコロナ禍を経て、「正常性バイアス」という言葉が有名になりました。危機の徴候が現れていても、ちょっとした変化なら「たいしたことない」「誤報だろう」「安心なはずだ」と無視してしまう認知的な悪いくせ（バイアス）を指すそうです。

さしずめ二〇二二年の二月には、多くの日本人が「自分は間違っていた」「私にはバイアスがある」「未来を見通す力がない」と思い知らされ、いやな気持ちにさせられたのではないでしょうか。

いやな気持ちになったのなら、二度とこうした間違いは犯さないぞと奮起して、それをバネにして勉強し直せばよいのですが、ふつうの人はなかなかそんなことはできません。まず努力ができません。また、それまでの自分を否定することができません。自分の間違いを直視するという、しんどいことができません。

このままでは近い将来、かりに日本のすぐ近くで戦争が始まったとして、あわてずに、冷静な世論を形成し、有効な政策立案や必要な国際貢献ができるでしょうか。あわてるあまり、とんちんかんなことを言ったりして、いたずらに社会を混乱させせないといいのですけど。

というのも、いまだってこんなに侵略行為を見せつけられているのに、「ウクライナはネオナチだ、というロシアの主張は正しい」「この戦争はアメリカやイギリスがウクライナをけしかけて起こした」「プーチンは欧米の軍産複合体を操る影の国家と戦っているのだ」といった言説にとらわれる人がたくさん出ているからです。勉強する努力を怠《おこた》ったり、しんどいことを回避し続けていると、このような安易な言説に引き寄せられてしまうようです。

こうした理屈を信じる人はけっして少なくありません。YouTubeの暴露系チャンネルの視聴数や、SNSでのこうした言説のシェア数は実際多いです。また、SNSの影響力は閲覧数以上に大きいものです。最近、四、五十代の人が実家に帰ると「七、八十代の親が陰謀論に染まっていた」と驚くことが多いそうですね。ネットで自分なりに勉強した結果とはいえ、なぜこんなことになるのでしょうか。

★学問の真髄は「疑うこと」と「修正」

これらの言説の特徴は、耳に心地好い、自分を否定せずにすむ、自分以外を悪者にして自分は何一つ変わらずにいられる、ということです。

自由に歴史を見ているつもりで、ダイナミックな世界理解をめざしたのに、狭い視野にとらわれた逆張りになってしまうのはなぜでしょう。せっかくネットを渉猟《しょうりょう》して勉強しているのに、正確さや普遍性からどんどん離れてしまっては、何のための勉強かわからないですね。

どうしてそうなるかというと、それは本当の「学問」ではないからなのです。

学問は、絶えず自分を批判的に見ます。自説を疑い、叩いて確かめては一歩ずつ前進する、という地道な苦労をともなうものです。修正につぐ修正を繰り返すことこそが学問の王道なのです。言ってみれば「修正主義こそが学問だ」ということです。

「修正主義」とは、かつてマルクス主義運動の人たちが、「マルクス主義の原理原則に勝手に修正を加えるのは悪であり異端だ」という意味で他派を攻撃するために使った罵倒《ばとう》語です。

勘のよい方はお気づきと思いますが、「修正主義」が悪だとしたら、善に当たるのは「原理主義」ということになります。原理主義とは、『聖書』や『コーラン（クルアーン）』あるいは『資本論』などの聖なるテキストは無謬《むびゅう》（絶対に間違っていない）であり、批判や修正を加えてはいけない、という立場です。肯定的な立場からは「根本主義」と呼ばれることもあります。批判的な立場からは「教条主義」と呼ばれることもあります。これも罵倒語ですね。

原理主義は「教典は無謬」という立場ですので、「仮説を検証・批判しながら、徐々に正しい事実に近づこう」とする「学問」の立場とは相容れません。原理主義は「事実はどうなっているか」「世界はどうなっているか」よりも、「教典を疑うな」のほうが重要なので、どうしたって「学問」にはなれないのですね。ですから「宗教」となることが多く、キリスト教原理主義、イスラム教原理主義などとして現れます。

そういうものをどこか遠い外国の話、と思ってはいけません。「原理主義」は私たちのすぐ身のまわりの「大学」や「公的機関」「会社」にも潜んでいます。

昭和時代の日本の大学の経済学部では「マルクス経済学」が支配的でした。これは『資本論』を根本テキストとした経済学で、貧しい人たちを解放し豊かな社会の実現をめざす、つまり学問というより運動の理論に近いものでしたが、結局のところ『資本論』の読み方を競い、批判を禁じ、主張のためにデータを無視したりしたので、学問としての価値を失いました。現在では経済学の主流ではありませんが、それでも訓詁《くんこ》学（儒学の経書に注解をつける学問）のように、絶滅せずに一部で続いています。

政府や裁判所も「原理主義」に陥ることがあります。「平和憲法」がその典型で、一九四六年に連合国軍占領下でつくられた法律が、いまも「不磨《ふま》の大典」として絶対に修正（改正・改定）は許されない、とされています。制度的に古くなった箇所、日本や世界の現状に合わない箇所が出てくるのは当たり前なのですが、これを修正しようとすると「悪」だとして政治的に批難されます。「憲法学」という学問もあるのですが、基本的に「護憲」でないと研究者と認められないようで、自由な「学問」の立場からすると、とても奇妙に見えてしまいます。

企業では、偉大な創業者の言葉を「金科玉条《きんかぎょくじょう》」として崇《あが》めたり、怒りっぽい社長に意見するのが怖いのでまわりがイエスマンばかりになる、といったことが起きます。これも事実を直視せず、「権威に従えばいい」と言い訳する不誠実な態度と言えるでしょう。

そうです、学問や事実に対して誠実であろうとすれば、他人の説はもちろんのこと、自分が一所懸命考えたことも「仮説」の一つにすぎない、だから叩いて検証しないといけない、とわかるはずなのです。また、どんな権威が相手でも、違うと思ったら異を唱える勇気が出ます。それが「学問」なのです。

なのに、なかなかそうできない。なぜなのでしょうか。

★学問とは何か、よい学問・悪い学問とは

いまは誰もがネットで吸収し、ネットに発信することができます。誰もが小なりといえどもインフルエンサーです。たとえ俗説や陰謀論であろうとも、それも間違いなく「仮説」の一つ

です。現代は、誰もが日常的に「仮説」を掲げて情報発信している、という、かつてない「学問する準備が整った」時代なのではないでしょうか。

ただし、学問にもよい・悪い、質の高い・低いがあります。

これは当たり前のことですが、なかなかぱっと見ではわからないことでもあります。

学問の基本構造は、理論を立て、モデルを構築し、事実（データ）を集めてモデルに入れ、検証し、理論にフィードバックしていく。ざっくり言うと学問とはこのサイクルを繰り返すことで理論を磨き上げていく行為です。考察と検証を繰り返すことで、理論を堅固なものにし、その理論によって世界を把握していく。理系でも文系でも基本的にはこのようなものです。

そして、隠し事をせず、その過程をすべて見えるように、誰にもオープンにし、誰もが意見できるようにする決まりになっています。

大昔の剣術や芸能のように「一子相伝」であるとか「免許皆伝」「秘伝・奥義《おうぎ》」のように、相手を選んで教えるのではありません。誰でも、知りたいことにアクセスし、教えを受け、論文を書き、発表し、質問し、出版して世界に自説を開陳《かいちん》してよいのです。

また、偏差値の高い大学で教えてくれるから、立派な建物で教えてくれるから「質の高い学問」である、というわけではありません。わかりやすく面白い先生だから「よい学問」とも限りません。また、難解で高尚そうだから「立派な学問」なのか、というとそうでもありません。すごく分厚い本だから中身がある、わけでもないですし。

また、「恩師・先輩だから」「賞を取った人だから」「弟子が大勢いるから」といった評価基準も学問には本来関係ありません。基準はただ一つ、学問そのもの、によるはずです。

ただし、「本来」というのはたてまえで、現実にはこうしたことが学者の発言力や影響力にかなり関係してくるのです。学問それ自体ではなく、学者の政治力や人気、多数派工作に学者業界はたすやく左右されてしまいます。それは純粋な学問の質を損なうのですが、人間はこうした権威に弱いので、しばしば目が眩《くら》んで道を誤ります。

こうしたことに左右されると「悪い学問」「質の低い学問」になってしまいます。学者の血筋だとか政治力、叙勲《じょくん》だとかは学問そのものには関係のない、夾雑物《きょうざつ》です。

学問には誰もが参加できますが、参加するには、同じ学問を志す者として守らねばならないこともあります。先行研究を知る、引用ルールを守る、ズルをしない、論文の書き方を守るといった基本ルールです。これらのルールをないがしろにするのも、学問が悪くなる一因です。

ルールを踏まえて学問すれば、誰だって「学徒」ということになり、世界のどの先生にも意見をぶつけ、教えを乞《こ》い、批判し、新しい説を提起することができます。学問の世界は本来、上下や貴賤《きせん》がなく、フラットに、同じ立場で議論ができることになっています。この決まりがあるから、たとえ貧乏な家に生まれても、遅くに学問を始めても、がんばれば業績を積むことができます。

問題は、私たちは「学問にアクセスできる環境」「学問をする機会のある環境」に居ながらも、「まだ学問を始めていない」ことではないでしょうか。つまり、私たちの多くは、いまだに「よい学問」「悪い学問」どころか、そのとば口にも立てていないのではないかということです。

ネットの動画や、ＳＮＳでシェアされてきた発言は、「情報」であっても、まだ「学問」ではありません。

また、テレビや新聞のように、しっかりした情報源があり、大組織の正社員記者がレポートし、何重ものチェックをくぐった情報も、必ずしも正確ではありません。むしろ、もっともらしい外見に惑わされて、事実を把握する妨げになることもあるでしょう。

ロシアがウクライナ侵略を準備しているのを刻一刻と目にしていても、明日何が起きるか予測できませんでした。これは私たちの能力のなさを証明してしまいました。あるいは、「大丈夫だろう」と高をくくり、真剣に予測する気もなかったことを暴露したのかもしれません。意志力のなさが露呈されたのです。

私たちが少しでも歴史を勉強して、学問として身に沁ませていれば、あのときロシアがどう動くかは容易に見通せたかもしれません。いえ、二〇一四年のクリミア併合にきちんと意見していれば、二〇二二年のウクライナ侵略を防げたかもしれません。

あるいは、予測がはずれたとしても、なぜはずれたか考え、反省し、次の機会に生かすことができたはずです。予測しようと努力し、間違うことは、何もしないのとはまったく違います。問題が見つかれば、それを修正する機会が見つかったということだからです。

★だまされないように、自分をだまさないように、自分の頭で歴史を学問しよう

歴史を語る際には、当事者の主観というものが必ず入ります。当事者と非当事者とでは見解が真反対になることもしばしばあります。日本と中国・韓国などの「歴史認識」問題が代表的ですね。

当事者の歴史認識だけでなく、他者理解においても主観の問題はついてまわります。

拙著『世界史のなかの蒙古襲来』（扶桑社新書、二〇二二年）では、浅田次郎『蒼穹《そうきゅう》の昴《すばる》』（講談社、一九九六年）や司馬遼太郎『韃靼《だったん》疾風録』（中央公論社、一九八七年）などを挙げて、〝女真《じょしん》〟〝満洲〟〝韃靼〟といった用語法に違和感を持ったことを書きました。

浅田氏は「女真韃靼族」と記して満洲人とモンゴル人を混同させました。司馬氏は「『韃靼』ということばがすきだった」からと女真人の物語にモンゴルを意味するタイトルをつけたのです。困ったことです。

さらに、小説家たちが描くモンゴル人や満洲人が、まるで日本人のように私たちと価値観を同じくする、日本人読者が感情移入しやすい人たちとして描かれています。これでは舞台が大草原で衣裳が遊牧民でも中身は日本人、コスプレではないか、とがっかりしてしまいます。

農耕民として狭い国土で社会性を発達させた私たち日本人と、広い草原で力と機動性をふるって生きてきた遊牧民が、同じ価値観のはずがありません。

想像力を自由にはばたかせられる創作こそ、史実に基づいたモンゴル人・満洲人の姿を私たち現代の日本人にぶつけてみてほしいのですが……二〇二三年にTBS系で放映されたドラマ「VIVANT」はモンゴル文化や中央アジアの風俗に配慮した意欲的なドラマでした。

異邦人が主人公でも、そこに日本人的な価値観を投影しないと読者がついてきてくれないという理由もあるようですが、どんな相手でも話し合えばわかる、通じるはずといった楽天的な物語に安住していたい。しかしこの楽天性には「しょせん同じような価値観だろう」という不《ふ》遜《そん》さがあるのではないでしょうか。

日本人が異民族・外国人を見誤り、予測をはずすのも、この不遜さのせいかもしれません。モンゴルや満洲だけでなく、中国や韓国に対しても「もうだいたいわかったから」と高をくくって、肝心なことを見落としているのではないか……。それは相手を軽んじ、理解しようとする努力を怠っていることになるのではないでしょうか。

私たちは他国の歴史認識を笑えるでしょうか。他国人のコンプレックスを笑っていいでしょうか。

私たちこそ、日本人的な主観で世界を見て、勝手に期待したり、勝手に失望したりしてきたのではないでしょうか。

他国も私たちと同じで、自分たちの主観を通して日本を見ています。ですから珍妙な日本観や見当違いの自国自慢、当たらない日本批判や、反対にヘンテコな日本推しなども起きます。しかし、それをあげつらって笑うのはよくない、と思うのです。

とくに隣国である韓国について、私たちは「原因は韓国にある。韓国がおかしい」と論難し、ただただ韓国側をののしる言論に淫《いん》してしまった、という近年の経緯があります。正直、これは気持ちのよいものではありませんでした。そんなうさばらしは何にもなりません。

私も『日本人が知らない満洲国の真実』や『朝鮮半島をめぐる歴史歪曲の舞台裏』(ともに扶桑社新書、二〇一七年、二〇二〇年)などで中国や韓国の歴史観を批判してきました。ですので、一部の人は〝宮脇は嫌中・嫌韓のネトウヨ学者だ〟と誤解しているかもしれません。

はっきり言いますが、どれか一冊でも実際に読んでいただければ、〝嫌中・嫌韓のネトウヨ〟というレッテル貼りがいかに的外れか、すぐにわかるはずです。

私たちは、史実は何か、私たちが世界を理解するにあたって頼みとする真実はどこか、を謙虚にかつ貪欲に探し求める、学問の徒なのです。ただそれだけです。他の権威には従いません。

本書では、みなさんにもその学問の方法論、世界理解、ダイナミズムをご紹介したいのです。そうして、何ものにも左右されない、しっかりした視点で、自由に世界に対峙してもらいたい。

第一章では、そのための方法論をご紹介します。

「岡田史学」というのですが、世界水準の歴史理論です。けっして難解ではありませんが、なまやさしくもありません。がんばって消化してみてください。

CONTENTS

第二章 ロシア史に隠された矛盾――ユーラシア史からロシアの深層を見る――63

CONTENTS

CONTENTS

第一章

巻頭特別講義　入門・岡田史学

★日本の歴史学を少しずつ、しかし大きく動かしている岡田英弘

二〇一七年に八十六歳で亡くなった、私の師であり夫である岡田英弘の歴史理論は、他に類例のないユニークなものです。山川出版社の『歴史と地理』に「世界史は成立するか」を書いたのが一九七三年ですから、これから概説する岡田史学を岡田が発表し始めてから、すでに半世紀が過ぎました。

岡田の世界史の見方は、歴史学の専門家にも、もちろん多大な影響を与えてきました。いろいろなところで、岡田の学説に影響されているに違いない論説を読みますが、岡田に影響されたと明言している人は稀です。

その理由はまず一つには、日本の歴史学者の多くは専門分野があいかわらず地域や時代に分かれているために、自分が専門としている範囲の歴史で岡田史学に影響を受けていても、全体としての岡田史観をまるごと継承しているわけではないからです。

岡田のように世界史を真正面から論じるのは勇気がいりますし、歴史学者はおのおのの専門分野のなかで史実を具体的に論じていくのがふつうです。だから、自分の専門領域の先学の名前には言及しても、岡田はつまり、彼らにとっては専門外の学者だから、考え方にどんなに影響を受けていたとしても先生とは思っていないわけです。

でも日本の歴史学は、少しずつ少しずつ変化をしてきています。

微修正をはかっているなあ、と私は面白く見ています。あと五十年も経ったら、かなり変

わっているでしょう。そして、誰かがその変化の始まりを探したら、岡田英弘に行き着くに違いないのです。

岡田の著書では、一九九二年に刊行された『世界史の誕生』（筑摩書房）がもっとも有名です。外国語にも多く翻訳されています。二〇〇二年に韓国語版、二〇一二年にモンゴル語版、二〇一三年に台湾で繁体字中国語版、二〇一六年に北京で簡体字版、二〇一八年にはモンゴルで新しい版が刊行されました。

なぜこういう題名なのか。あとでもう少し詳しく説明しますが、十三世紀にモンゴル帝国がいわゆるアジアとヨーロッパをひとまとめに支配したときから、現在につながる本当の意味の世界史が始まる、と述べているからです。

逆に言うと、十三世紀にモンゴル帝国が世界を支配するまでは、世界史はなかったのです。東洋史も西洋史も地域史でしかないですし、日本で教えられてきた世界史（東洋史＋西洋史）も「世界史」ではないということになります。

もう一冊、二〇〇一年に刊行された『歴史とはなにか』（文春新書）は、『世界史の誕生』からさらに理論を深化し、われわれが歴史を学ぶときにぶつかる疑問や定義を、誰にでもわかるように説明した歴史哲学の本です。なので、岡田史学の基本姿勢をつかむには、まず『歴史とはなにか』から読むことを私はお薦めします。

でも残念ながら題名が地味だからか、じつは驚くべき本なのだということが諸外国にはあまり知られていません。日本の大学入試問題には毎年必ず、この本から出題されるのですけど。

それではこれから、岡田史学がどういうものであるか、これを読んだだけでとりあえずわかるというエッセンス、超濃縮版をお伝えすることにします。

★岡田史学の問題提起——世界中どこにでも歴史があるわけではない

世界史を考えるうえで重要な問題が二つあります。

一つ目は、人間が住んでいた場所だったらどこでも歴史が書かれたわけではない、ということです。

狭く定義をした本当の意味の歴史は、「誰が」「いつ」「何をして」「その結果、このようなことになった」ということを物語るものです。

ですから、歴史が書かれるためには、「時間がまっすぐに過去から現在に流れてきている」という観念と、「年月日がきちんと計測される」ことと、「それらを書き留める文字」と、「過去の出来事の因果関係を物語る思想」という四つの条件が必要です。

古代四大文明のエジプト文明、メソポタミア文明、インダス文明、黄河文明のなかで、歴史が書かれたのは黄河文明だけです。

エジプトとメソポタミアには文字があり、王様の名前は残っていますが、文明のなかで自分たちの過去を物語る歴史は書かれていません。私たちがいろいろなことを知っているのは、これよりあとの時代に地中海世界の共通語となったギリシア文字で書かれた文献がたくさんあるからです。

インダス文明は、高度に発達した都市文明でしたが、文字がなかったので固有名詞は何一つわかりません。

最近は、新大陸のマヤ文明、アステカ文明、インカ文明も古代文明に含めます。マヤ文明には文字や暦はありましたが、これら新大陸の古代文明は、歴史を書くどころか支配者の名前もまったく残っていません。

歴史というのは非常に不公平なもので、書く材料がたくさん残っている文明は、世界史教科書のなかでたくさんの分量がもらえますが、文字史料のない地域は、考古学の発掘成果などを使って埋めるしかありません。だから、世界史教科書だけで世界がわかるというわけにはいかないのです。

二番目に、すべての国が歴史を持っているわけではないということです。

いま世界で国連に加盟している国は百九十三か国あります（国連に加盟していないけれども日本が国家と認めている国を合わせると百九十七か国になります）が、歴史のない国がたくさんあるのです。

そもそも、第二次世界大戦前には、世界中で独立国は六十数カ国しかありませんでした。つまり、世界の国家の大半は誕生してまだ数十年かしか経っていないということです。

国連に加盟している国家はすべて、「国民国家（ネイション・ステイト）」ということになっています。ただし、国民国家とは、たてまえです。十八世紀末のアメリカ独立とフランス革命で誕生した国家形態で、国境内にいる国民はみな平等の権利があって、共通の歴史と国語を持っている、ということになっていますが、現在の世界で、国民が歴史を共有し、話し言葉が同じで、みんなが対等である国家がどれだけあるでしょうか。

また、百年前には国はなかったとしても、ほとんどの国民国家史は「国境の外側は異民族であり敵で、何千年も前から私たちの祖先は仲良くこの場所に住んでいた」と主張します。しかし、どんなに各国の国民国家史を集めても世界史にはなりません。

私たちの祖国、日本は、紀元前六六〇年に神武天皇が即位して始まった、というのは神話です。しかし、少なくともいまから一三五〇年前の七世紀末には、日本という国号と天皇という君主号を持っていたことは史実です。しかも、その当時に書かれた史料も残っています。だから日本人はついつい、世界中の国ぐにや地域も、日本と同じように古くから継承された歴史を持っている、と思ってしまいます。当たり前のように、同じ地域には同じ民族が古くから住んでいた、と考えます。

しかしそれは例外的な、非常に珍しいことなのです。

日本はたまたま四方を海に囲まれています。そのおかげで、私たちの祖先はずっとこの日本列島に住んでいたと言えますし、日本列島から何が発掘されても私たちの祖先のものだと主張できます。が、こんな国は世界でもとても珍しいのです。

★岡田史学の前提——歴史とは何か、歴史は文化である

岡田英弘は歴史をこのように定義します。

「歴史とは、人間の住む世界を、時間と空間の両方の軸に沿って、それも一個人が直接体験できる範囲を超えた尺度で、把握し、解釈し、理解し、説明し、叙述する営みのことである」

ここで明言されているように、本来「歴史」とは、人間の住む世界にかかわるものです。ですから、「人類の発生以前の地球の歴史」とか、「銀河系ができるまでの宇宙の歴史」といった言い方は、地球や宇宙を人間になぞらえて、人間ならば歴史に当たるだろうというものを比喩として「歴史」と呼んでいるだけだ、本来こういうものは歴史とは呼べない、と岡田は言います。

歴史が成立するための前提条件として、先ほど述べたように、直進する時間の観念と、時間を管理する技術と、文字で記録をつくる技術と、ものごとの因果関係の思想の四つがそろわなければなりません。こういう条件のないところには、比喩として使うのではない、厳密な意味の「歴史」は成立し得ないことになります。

時間を直接認識することは人間にはできません。

私たちは、時間を空間に置きかえて時間の長さをはかっています。地球の自転が一日、月の公転が一月、地球の公転が一年ですが、どこがはじまりかということは誰にもわかりません。自然界には、絶対的な時間の経過を示すものは何もありません。

そういうわけで、たくさんの人間が集まって、どの時点から数えることにしようと協定した取り決めが「クロノロジー（年代）」です。

いま世界中で使われている西暦は、イエス・キリストが誕生した年を元年として始まりました。ずいぶんたってから、じつはイエスは紀元前四年に生まれていたことが明らかになったのですが、変更はできないのでそのままになっています。キリスト教徒でない人たちも使っています。共通の年代がないとみんなが困るからです。

時間を「一定不変の歩調で進行するもの」だと考えて、日・月・年に一連番号を振って「暦をつくり」、時間軸に沿って起こる事件を「暦によって管理して」、「記録にとどめる」という行為は、きわめて高度に発達した技術で、人類が自然に持っているものではありません。

また、歴史は時間だけでなく、空間の広がりも記述します。歴史は、時間と空間の両方にまたがって人間の世界を説明するものなのです。

この歴史という「おこない」は、自然界にはじめから存在するものではなくて、文化の領分に属するものなのです。歴史は文化です。そして人間の集団によって文化は違いますから、集団ごとに、それぞれ「これが歴史だ」というものができ、他の集団が「これが歴史だ」と主張するものと違うということも起こり得ます。

しかも、暦をつくって時間を管理することと、記録をとることだけでは、歴史が成立するのに十分な条件にはなりません。

歴史の成立には、もう一つ、非常に重要な条件があります。

それは、「事件と事件のあいだには因果関係がある」という感覚です。ですから、世界の文明のなかには、歴史という文化要素がまったくないか、あっても弱い文明がいくらもあることになるのです。

★歴史のない文明――インド文明、イスラム文明、アメリカ文明

歴史のない文明の代表は、インド文明、イスラム文明、アメリカ文明です。

まずインド文明に歴史の概念がないことについて説明しましょう。

インドには、非常に古い時代から都市生活があって、王がいて、政治があって、他の文明より少ないとはいえ文字の記録もあって、商業・工業・その他の産業が盛んで、富も蓄積されていました。にもかかわらず、歴史という文化は発達しませんでした。

インドでは、十九世紀に大英帝国の支配下に入るまで、ヨーロッパ的な意味での歴史は書かれませんでしたし、それ以前も、十三世紀にイスラム文明が入るまで日付のある記録はないのです。

なぜでしょうか。

それはインド文明に特有の、輪廻《りんね》・転生《てんしょう》の思想からきているのです。

仏教用語で言うなら、衆生《しゅじょう》（生物）は、「天」（神々）、「阿修羅《あしゅら》」（悪魔）、「人間」、「畜生」（動物）、「餓鬼《がき》」（幽霊）、「地獄」の六種類に転生します。この輪廻の思想では、前世が原因で、今生が結果、今生が原因で、来世が結果、と考えられます。

つまり、人間界のできごとだけでは因果関係が成立しないので、人間界だけに範囲を限って記録する歴史は成り立たないことになります。

さらにインドには、時間は直線的に無限に進行するものではなくて、繰り返し繰り返し原初

に戻るものだ、という感覚があります。だから、時間軸に沿って物事の筋道を語るという、歴史が果たす機能も成り立ちません。

そのためにインド文明では、目の前の現象の説明に神話が使われることになります。インド文明で、神々の世界と人間界が密接に関連しているのは、そのためです。

いっぽう、イスラム文明には歴史がありますが、これはイスラム本来の思想から生まれたものではありません。なぜなら、イスラム教徒にとっては、一瞬一瞬が神の創造にかかっているので、過去のできごとによって現在が縛られるわけではないですし、未来も神の領域に属するからです。

イスラム教徒は、たとえ科学者であっても、未来のことを語るときには「イン・シャー・アッラー（神の意志あらば）」をつけます。全力を挙げて約束を守るつもりでいるけれども、自分が約束を守ることを神様がお望みにならなければ、守れないかもしれない。だから、これをつけずに「明日、かならずここで会います」と言ったら、神の意志よりも自分の意志を優先させるという、重大なる不敬の罪になるのです。

ですから、イスラム教徒が歴史を叙述するということは、それ自体矛盾することになってしまいます。

それなのに、イスラム文明には、教祖ムハンマドの亡くなった直後から記録があり、歴史も書かれています。その理由は、イスラム文明が、歴史のある地中海文明からの〝分かれ〟であり、地中海文明の存在に対抗しなければならなかったからです。

文明と文明の衝突の戦場では、歴史は、自分の立場を正当化する武器になります。ローマ帝国と対峙したイスラム教団は、相手が次々と古証文を出してくるのに対して、対抗上、歴史という文化を取り入れることになりました。しかし、イスラム文明の内部では歴史学は意義の軽いものにすぎず、ずっと地理学の補助分野のままです。

だから、いまでもイスラム諸国側は、イスラエルやヨーロッパ・アメリカ諸国との関係において、自分の言い分がなかなか通せず、つねに不利な立場に立たされています。歴史という文化に鍛えぬかれていないからです。イスラム教徒がもっとも重視するのは、アッラーの意志のあらわれである現状だけですので、彼らは歴史の取り扱いが苦手で、未来の見通しが不得意、とも言えます。だから結果的に、歴史のある文明にことごとく出し抜かれるのです。

岡田はこのように、イスラム文明を地中海文明の対抗文明である、と規定しました。そして日本文明は、シナ（中国）文明の対抗文明として生まれた、としました。

★アメリカ文明に歴史がない理由
――アメリカは現在と未来にしか関心がない

さて、アメリカ文明は世界でもっとも特異な文明と言えます。

アメリカ文明は西ヨーロッパ文明の対抗文明ですが、アメリカ文明では歴史がほとんど意味を持たない、という特色があるのです。

アメリカ合衆国の本屋で「歴史」（History）コーナーに並んでいるのは、ヨーロッパの歴史と、ギリシア・ローマの古典時代についての書物だけです。アジアもイスラムもすべて「地域研究」(Area Studies)で、歴史の対象ではありません。アメリカ自体も「歴史」に入らず、「アメリカ研究」(American Studies)なのです。

十八世紀末のアメリカ独立以前に、土着のアメリカ王がいたわけでも、アメリカという社会があったわけでもありません。十三の植民地の住民が王の財産を乗っとって独立したといっても、イングランド王は大西洋の向こうにいて、一度もアメリカに来たことはありません。イングランド王権から引き継ぐべき枠組みはほとんどありませんでした。

アメリカン・アイデンティティの基礎は、一七七六年の「アメリカ独立宣言」と、一七八七年の「アメリカ合衆国憲法」の前文だけです。

アメリカのアイデンティティの基礎は歴史ではありません。アメリカ合衆国は、純粋にイデオロギーに基づいて成り立った国家です。だから、アメリカ文明では、歴史はあってもなくてもいいもので、重要な文化要素になり得ないのです。

アメリカ人は「伝記」(バイオグラフィー)が非常に好きですが、伝記好きは歴史好きとは違います。むしろアメリカ人は偉人の伝記を、成功の手引きとして読んでいるようです。

アメリカでは「歴史(history)」という言葉は、「誰でも知っている話」ぐらいの意味で軽く使われます。

アメリカ文明に歴史という要素が欠けている結果、アメリカ人は現在がどうあるかということにしか関心がありません。過去はもう済んだことだから、アメリカでは、過去を問う歴史の代わりに、現在だけを扱う「国際関係論」（International Relations）と「地域研究」が人気があるのです。

近頃は移民ではなくアメリカ生まれの人口が増えてきました。その結果、アメリカン・ドリームの実現が困難になっています。みんな同じスタートラインに立って、そこから出発して、自力だけで自分の一生を築き上げるというのがアメリカン・ドリームです。ところが現代では、親が一代で築き上げた生活水準まで、子どもの世代が自力で達することはできそうもなくなってきたのです。

これはアメリカの社会が成熟してきた必然の結果ですが、アメリカ人にとっては、アメリカン・ドリームの消滅、つまりアメリカのアイデンティティの重大な危機なのです。

★日本の「世界史」教育――始まりから問題をはらんでいた

話を日本の歴史教育に移しましょう。

二〇二二年から、十八世紀後半からの日本史と世界史を合体させて教える「歴史総合」が高等学校で必修になりましたが、それまで日本の歴史教育は、日本史と世界史に截然《せつぜん》と分かれていました。

世界史が日本で教えられるようになったのは、一九四五年の敗戦後、日本がＧＨＱ（連合国軍最高司令官総司令部）に占領統治されていた時代です。戦前には世界史という教科はなく、西洋史と東洋史に分かれていました。

強い歴史のある文明、言い換えると「本来の歴史」を生んだ文明はギリシア・ローマ文明とシナ文明の二つしかなかったのです。自力で歴史という文化を生み出した、と言ってもいいでしょう。他の文明はすべて、ギリシア・ローマ文明とシナ文明の対抗文明です。西ヨーロッパ文明、イスラム文明、日本文明……すべて、強い歴史のある文明への対抗文明なのです。

では、戦前の西洋史と東洋史はいつできたのかというと、明治時代です。

幕末に開国した日本は、西洋列強の植民地にならずに世界のなかで生き残るために、明治政府は国民国家化を推進させ、富国強兵に乗り出しました。西洋の文化や技術を学ぶため、留学生を派遣するだけでなく、多くの外国人教師も雇いました。

歴史学については、その当時ヨーロッパで勢威のあった実証史学のレオポルト・フォン・ランケの弟子のユダヤ系ドイツ人ルードヴィヒ・リースが、一八八六年（明治十九年）に創立されたばかりの帝国大学に招聘《しょうへい》されて、一八八七年に文科大学に史学科が開設されました。この帝国大学が現在の東京大学になり、文科大学が文学部になりました。

このリースが東大で教えた歴史学から日本の西洋史が始まります。

一八八九年に文科大学に国史科が設置されました。こちらが現在の日本史につながるのです。このあとしばらくして漢史学科が設置され、一九〇四年（明治三十七年）に、国史・史学・漢史の三学科は、新しくつくられた史学科に統合され、史学は西洋史に、漢史は支那史と名前が変わり、一九一〇年（明治四十三年）、支那史は東洋史と改称されました。これで、国史・西洋史・東洋史の三分野がそろいました。

戦後になって、西洋史と東洋史が合体して世界史になり、国史は日本史になりましたが、大学には世界史を教える学科はなく、西洋史学科と東洋史学科の卒業生が、中学や高校の世界史の先生になり、世界史教科書を分担して執筆してきました。

戦前の西洋史と東洋史はそれぞれ一応、古い時代から近代に至るストーリーがあり、話のつじつまの合うものでした。が、西洋史と東洋史を合体させた世界史は、西洋と東洋を年代ごとに輪切りに並べただけのものになり、西と東の関連はほとんどありません。そのうえ、戦後に研究が進んだアジアやアフリカ、アメリカ大陸など世界各地のできごとを、ところどころにはさんでいくので、それぞれの話はますます関係がなくなっていきます。

これが、世界史が「固有名詞と年代を暗記するだけの科目」と言われて、人気がなくなった最大の理由です。

★西洋史のもとになった地中海(ギリシア・ローマ)文明
――ヘーロドトスが書いた世界

戦前の日本に世界史がなく、西洋史と東洋史に分かれていた理由は、それぞれが過去を物語る歴史観や世界観がまったく違っていたからです。

地球上で最初の歴史書は、ヘーロドトスが紀元前五世紀にギリシア語で書いた『ヒストリアイ』です。

ギリシア語の「ヒストール」は「知っている」という形容詞で、それを動詞にした「ヒストレオー」は「調べて知る」という意味になります。名詞「ヒストリア」は「調べてわかったこと、調査研究」、複数形が「ヒストリアイ」です。ヘーロドトスは、「私が調べてわかったこと」という意味で、「調査・研究」という題名をつけたわけです。

これが英語の「ヒストリー」、フランス語の「イストワール」の語源になりました。

つまり、ヘーロドトス以前には、歴史を意味する言葉がギリシア語になかったということで、いまのわれわれが考える「歴史」という思想はなかったということです。「歴史の父」とヘーロドトスが呼ばれる所以《ゆえん》です。

ヘーロドトスがギリシア語で書いた『ヒストリアイ』ですが、せっかくのギリシア語の書物なのに、じつは書かれているのはペルシア帝国の話ばかりなのです。ギリシアの歴史などではありません。

なぜこんなことになっているかというと、いまの英語のように、当時の地中海世界をとりまく地域の共通の言語はギリシア語だった、けれどギリシアはアテネやスパルタのような都市国家にすぎず、おのおのが分かれており、領域も小さかったのです。

ペルシアこそが当時の覇権国家でした。ギリシアなど及びもつかない、いまの小アジアのみならず、西はバルカン半島、エジプトも征服しましたし、リビア、シリア、イラク、イラン、アフガニスタン……からインド西部に至る、まさに大帝国でした。この広大な版図に比べるとアテネもスパルタも点にすぎません。人的な影響も大きく、だいたいヘーロドトス自身が、いまのトルコに入植したギリシア人の母と、現地人の父から生まれた混血児です。

ヘーロドトスがこの『ヒストリアイ』を書こうと思った動機ですが、紀元前四八〇年にギリシアの都市国家同盟がサラミスの海戦で大ペルシア帝国に勝ったからです。弱小なギリシアの都市国家がなぜ大国ペルシアに勝てたのか。ヘーロドトスはその理由を知りたい、考察したいと思い、エジプトなど行ける限りのところを旅行して、人の話を聞き、読めるものはすべて読んで、この本を書きました。だから大部分がペルシア帝国の「調査・研究」なのです。『ヒストリアイ』がペルシア帝国のことばかり書いている、というのは大っぴらには言われません。どちらかというと隠されています。またペルシア帝国の最大版図なども既存の世界史であまり触れられません。アレクサンダー大王が一代でうち立てた帝国、という図版は目にすることが多いでしょうが、ペルシア帝国はなぜか無視されています。どうせ負けた国だ、と軽く見られているかのようです。

それは二十世紀の世界観を投影しているからなのです。

ペルシア帝国はいまのアジアに広がった帝国だったがゆえに、ギリシアに負けたし、いまも発展していないし、勉強する価値もない、と軽視されたのです。強大だ、とされるときも、『スター・ウォーズ』の悪の帝国のような扱いですね。

同じように軽視されているのがイスラム文明でしょう。これも現代の世界観で歴史を見るからです。「歴史は書いた者勝ち」ということでもあります。

ヘーロドトスは、そうした先入観を持たずに、ペルシア帝国についての調査を書きつづり、大戦争はなぜ起きたかを考えました。そして、黒海とエーゲ海を結ぶ海峡の東側のアジアと、西側のヨーロッパのあいだで積み重なった恨みが、ペルシア軍のギリシア遠征の原因だと解釈しました。

アジアとヨーロッパのあいだで積み重なった恨みというのは、ギリシア神話に描かれた女の誘拐の話などで、史実だったかどうかはわかりません。でも、ヘーロドトスはそこに何らかの対立があった、と解釈したのです。

『ヒストリアイ』が世界最初の歴史書で、ギリシア文明がいまのヨーロッパ文明につながるせいで、ヘーロドトスの世界観は、現在にまで非常に大きな影響を与えています。

そのなかには、大事なメッセージが三つあります。

★西ヨーロッパ文明の重要な世界観——変化と対決こそが歴史

その一つは、世界は変化するものであり、その変化を語るのが歴史であるということです。ヘーロドトスは序文で、「かつて強大であった国の多くが、いまや弱小となり、私の時代に強大であった国も、かつては弱小であった。されば人間の幸運が決して不動安定したものでない理《ことわ》りを知る私は、大国も小国もひとしく取り上げて述べてゆきたいと思う」と書いています。

国も人間と同じで、生まれて幼年時代を経て成長して壮年となり、やがては年老いて死ぬとヘーロドトスは考えたのです。国家の盛衰を語るのが歴史だというわけです。

二つ目は、世界の変化は政治勢力の対立・抗争によって起こるということです。

三つ目の、二十一世紀のアジアに生きるわれわれにとってきわめて重大な問題は、ヨーロッパとアジアは永遠に対立する二つの勢力だとヘーロドトスが書いたということです。

こうして、アジアとヨーロッパという二つの勢力が対立し、対決し、ヨーロッパが勝った、という歴史観が生まれました。

ヘーロドトスが描いた当時のアジアは、いま小アジアと呼ばれているトルコ共和国のあるアナトリア半島でした。彼がヨーロッパと呼んだのは、いまのギリシアがあるバルカン半島南端のほんの一部分で、ヨーロッパとアジアは海峡を挟んだ両岸だけでした。

ところが、十三世紀末から十五世紀末にかけて、イタリアから始まったルネサンスが、アルプス山脈を越えて、現代のフランスやイギリスやドイツに広がっていきます。

ルネサンスとは、キリスト教文明に覆われた長い中世を終えてギリシア・ローマ時代に戻ろうという文芸復興運動です。いまの西ヨーロッパに住む上流階級の人たちは、こぞってイタリアに留学し、ギリシア語もラテン語も勉強して、自分たちこそがヨーロッパ人で、ギリシア・ローマ文明を継承したと主張するようになりました。

ヘーロドトスの時代、現在のヨーロッパはギリシア文明とは何の関係もありません。それが、ルネサンス以後、ギリシア・ローマ文明を受け継いだのはわれわれだと、アルプス山脈の向こう側の人たちが言い出したのです。

このあと、大航海時代が始まり、ヨーロッパ人は大挙して世界に出ていきます。そして、ヘーロドトスの言ったアジアの向こうが、ずっと陸続きであることを発見しました。

最初、アジアは、いわゆる中近東、いまのシリア、イラク、イランぐらいを指したのですが、やがてインドもアジアと呼ばれるようになりました。インドからもずっと陸がつながっているので、最終的には、中国から日本までアジアと呼ぶことになりました。

ただし、これはヨーロッパ人がヨーロッパでない地域をまとめてアジアと呼んだのであって、日本人は幕末になって「へえー、自分たちはアジアと呼ばれているのか」と知るのです。

★「歴史」は日本語の熟語——代々つながっていく「史」

明治時代にドイツ人リースから西洋式の歴史学を学んだ日本人が、「ヒストリアイ」から生まれた「ヒストリー」を、「歴史」という漢字に翻訳しました。

もともと漢字の古典にあったのは「史」という字だけです。その「史」も、紀元前一世紀に司馬遷《しばせん》が『史記』を書くまでは、歴史の意味はありませんでした。「史」の本来の意味は「文書係の役人」です。『史記』という題名も「歴史の記録」ではなく「文書係による記録」ということになります。

『史記』の「史」に、代々つながっていくという意味の「歴」をつけて「歴史」という二文字熟語をつくったのは、じつは日本人なのです。

現代中国語にも「歴史」という言葉がありますが、これは日本から逆輸入したものです。

明治時代の日本人は、近代化のために多くの欧米の文献を日本語訳しました。それまでの日本語や漢文の古典にはなかった概念を、漢字二文字の熟語であらわしました。ほとんどは新しい漢字の組み合わせですが、古典にあった語彙《ごい》もあります。でも意味は違います。日清戦争に負けたあと、清国からは多くのエリート学生が日本に留学します。清国留学生たちは、欧米の書物が漢字に翻訳されているので、喜んでそのまま受け容れ、さらに日本の教科書を持ち帰って近代化教育に利用しました。だから、現代中国語には日本語がもとになった言葉がたくさんあるのです。

けれども、同じ漢字を使っていても、日本人の考える歴史と、中国人の考える歴史とは、内容はずいぶん違っています。

現在の日本人が「歴史」と言うときには、まず、ドイツ人リースが日本に伝えた西洋史がもとになっています。だから日本人は歴史を、ヘーロドトスが『ヒストリアイ』で示した、政治勢力の対立・抗争による世界の変化を語るもの、と考えます。

明治以来、日本人は、西洋の世界観を本当に真面目に取り入れたからです。

しかし、紀元前一世紀に司馬遷が書いた『史記』の世界観は、西洋の世界観とはまったく異なっています。

漢の武帝の家来だった司馬遷が『史記』を書いた動機は、自分の仕えた君主がいかに正統の天子であるかを証明するため、だったのです。

★東洋史をつらぬく大原則——天が命ずる「正統」の観念

シナ（チャイナ）の語源となった秦《しん》の始皇帝が、紀元前二二一年に初めて中原を統一しましたが、この秦を倒したのが、血統の異なる漢という王朝です。司馬遷は、漢が正統の王朝であることを証明する必要があったわけです。

それで、司馬遷は、神話上の神様である黄《こう》帝という最初の天子から、天が命を変えることで王朝が交代し、夏《か》、殷《いん》、周、秦、漢と続いてきたと叙述しました。

つまり、天は永遠不変で、その天命によって天子が交代したと説明したのです。これがシナの歴史なのです。

『史記』以後、シナにおける正史は、皇帝という制度の歴史でしかありませんでした。皇帝が「天下」つまり世界を統治する権限は、「天命」つまり最高神が出した命令によって皇帝に与えられた、ということになっています。

この天命の正統に変化があっては、皇帝の権力は維持できませんから、シナ型の歴史では、現実の世界に変化はない、ということにする、つまり時代ごとの変化を無視して記述しないという道を選んだのです。西洋の歴史が対決と変化を描く、それとはまるで正反対ですね。

日本人が戦前に使っていた「支那」という漢字は、「支」は〝庶子〟、「那」は〝あれ〟という、よくない意味の蔑称《べっしょう》だからと、戦後はすべて「中国」と書き直すことになりました。しかし、「中国」という言葉は大昔はいまのような意味ではなく、実際には国家の名前としては二〇世紀初めにやっと誕生したものです。「古代中国」などと呼ぶのは史実ではありません。「古代ソ連」「古代アメリカ合衆国」などと言うのと同じでナンセンスです。

ですので「古代中国」という言葉を使うことは、いまの中国の領域は大昔から中国だったという、現代中国の主張する国民国家史観をいつのまにか取り入れていることになります。

もう一つ言い添えると、「支那」は英語の「チャイナ」と同じく、初めて統一を果たし、初めて皇帝号を持った、始皇帝の秦が起源です。ですから「中国五千年」は誤りで、「シナ二千二百年」が正しいわけです。

漢字と都市と皇帝の三つを「シナ（中国）文明」の本質であると定義するなら、二千二百年間、「シナ（中国）」は王朝だけが交代して中身に変化はなかったという見方もあり得ます。つまり、中国史を語るときに、正統が受け継がれてきた、と解釈することも、ずっと停滞してきた、と解釈することもできるのです。

しかしこれは、司馬遷著『史記』が描いた世界観の枠組みにとらわれているだけで、現実のシナ（中国）の歴史とは違います。じつはシナ（中国）だって、時代ごとに、国家の領域も、話し言葉も、漢人（中国人）の中身も入れ替わってきたのです。

★日本の西洋史の矛盾――背景にあるシナ型の正統史観

日本の東洋史は〝変わらない〟ことを旨《むね》とするシナの「正史」を歴史資料としています。そして西洋史は先述のように〝変化と対決が歴史の本質〟だとします。

西洋史とシナの「正史」とでは、このように、基本となる歴史観が水と油のようにまったく違っています。この二つを合体させたところで、筋書きがまとまるはずがないのです。日本の世界史教育の大きな問題点がまずここにあるのです。

では、日本の西洋史は東洋史にくらべてまともなのかというと、こちらにも大問題がありま す。

帝国大学でリースの弟子になった日本人たちには、もともと漢学の素養がありました。そのため、彼らは『史記』以来のシナ史の正統の観念を当てはめてヨーロッパ史を理解しようとしたのです。

それで、日本の西洋史概説は、ギリシアから始まり、フランス、ドイツ、英国という明治維新当時の世界の三大強国に終わる歴史の流れを主軸にして叙述することになりました。

つまり、〝天命〟はメソポタミアからギリシア、ローマ、ゲルマンを経て、英・独・仏に伝わったと考えてしまったのです。その証拠に日本の西洋史では、ロシア帝国もオランダもスペインもポルトガルもトルコ帝国も、そしてアメリカですら、主流ではありません。それらの脇役の国ぐには〝天命〟を受けていないというのです。いまでも日本の西洋史学界のなかでは、イギリス史やフランス史を研究する人が一番偉い、というのもこの〝正統の観念〟のせいです。

実際には地中海文明の源流は、ヘーロドトス自身が言っているとおり、エジプトにあります。これはギリシア人にとってだけでなく、ユダヤ人にとってもそうです。それにもかかわらず日本の西洋史では、エジプトのことはエピソードとしてしか扱われていません。

西洋史がなぜメソポタミアから始まるのかというと、『旧約聖書』のエデンの園やノアの洪水やバベルの塔の印象が強いので、ヨーロッパのキリスト教徒が文明の発祥の地をメソポタミアに求めたからでしょう。

　また、日本の西洋史学科では東ローマ帝国（ビザンツ帝国）の歴史もあまり研究されていません。「ローマ帝国はゲルマン民族の大移動で滅びた（五世紀末）」とされますが、これは西ローマ帝国が滅びただけです。東ローマ帝国はずっと健在で、一四五三年にオスマン帝国に滅ぼされるまで大きな領域を支配し続けています。しかしそれを誰も西洋史だとは思いません。アメリカ史は日本の世界史教科書にはほとんど記述がなく、いきなり現代史から始まります。ロシア史は西洋史の主流とは考えられておらず、ロシア史研究者は劣等感を持っています。自分たちは西洋史のなかではいつものけ者だと少しひがんだような言い方をします。

　日本の西洋史が、イギリス、フランス、ドイツばかりを重視するのは、たんに、日本が富国強兵で世界に打って出た十九世紀の強国だったからです。

　そして「なぜこれらの西欧列強が強くなったのか」という問いに対し、「ギリシア・ローマ文明を直接継承したからだ」というストーリーがつくられました。これなら日本人によく理解できたからです。

　二十一世紀の現代世界では、ご存じのように、もはやイギリスやフランスやドイツだけが大国ではありません。しかし歴史の教科書は、明治時代に始まった西洋史の枠組みを、いまも見直すことができていないのです。

★モンゴル帝国から世界史が始まったという理由

　このように、まったく異なるストーリーでできあがっている西洋史と東洋史を、時代ごとに輪切りにして並べただけでは、とても世界史とは言えません。ましてや世界各地のできごとを並列しただけでも世界史にはなりません。

西洋史と東洋史にまたがる「因果関係」を明らかにしないと、この二つをつなぐ世界史にならないのです。

そこで岡田が着目したのが、アジアとヨーロッパをつなぐ中央ユーラシア草原から見た世界史でした。

そもそも中央ユーラシア草原の遊牧民たちは、古代から定住地帯への侵入を繰り返してきました。遊牧民が定住地帯に侵入することによって、地中海（ギリシア・ローマ）文明とシナ文明が生まれてきたのです。ヨーロッパのインド・ヨーロッパ語族も、シナの都市国家をつくった遊牧民・狩猟民も、中央ユーラシア草原から入った人びとです。

この二つの文明が、それぞれ西洋史と東洋史をつくり出した、というのが先ほどまで述べてきたことです。

西洋史の中世は、フン族がローマ領内にゲルマン人を追い込んだときに始まりました。西洋の中世が終わるのは、オスマン帝国が東ローマ帝国を滅ぼしたときで、ここから近代が始まります。こうしてヨーロッパは大航海時代を迎えますが、これも、そもそもがモンゴル帝国時代の東西交流の刺激を受けた結果なのです。

「中国（シナ）」文明でも同様です。

秦・漢時代の第一の「中国」は三国時代に滅亡します。そのあと、隋・唐時代の第二の「中国」を形成したのは、北方の草原から移動して来た鮮卑《せんぴ》などの遊牧民でした。

その後も次々に中央ユーラシア草原の一連の帝国、トルコ・ウイグル・キタイ・金が「中国」を圧倒します。そして、最後にすべての地域を呑《の》みこんでしまったのがモンゴルです。

モンゴル帝国の支配下において「中国」は徹底的にモンゴル化して、元朝・明朝・清朝の時代の「中国」が形成されました。こんにちふつうに言う中国の伝統文化、中華料理やチャイナドレスは、このときモンゴル化や満洲化した「中国」の文化です。

この第三の「中国」は、もはや皇帝を中心として回転する独自の世界ではありません。一見「中国」の皇帝と見えるものは、じつはチンギス・ハーンを原型とする中央ユーラシア型の遊牧君主の中国版であり、このときの「中国」は中央ユーラシア世界の一部でしかなかったのです。

この第三の「中国」の性格は、現在の中華人民共和国にははっきりあらわれています。

★中国、ロシア、インド、トルコ、東欧はモンゴル帝国の後裔で、それ以外にも強い影響

中国だけでなくロシアも、十三世紀にはモンゴル帝国の一部でした。

ドイツやハンガリーもモンゴル軍の侵入を受けました。

インドはモンゴル帝国の継承国家であるムガール（モンゴルという言葉のペルシア風発音）帝国が長いあいだ支配しましたし、二十世紀まで存在したトルコのオスマン帝国も、モンゴル

帝国の一員だったユーラシア草原の遊牧民が建てた国家です。
十三世紀のモンゴル帝国から世界史が始まるということは、このように要約できます。

一　モンゴル帝国は、東のシナ世界と西の地中海世界を結ぶ草原の道を支配し、ユーラシア大陸に住むすべての人びとを一つに結びつけて、世界史の舞台を準備した。

二　それまで存在した政権は一度ご破算になり、あらためてモンゴル帝国から新しい国ぐにが分かれ、それがもとになって、いまの中国やロシアや東ヨーロッパの諸国が生まれた。

三　北シナで誕生した為替などの資本主義経済が地中海世界へ伝わり、現代の幕を開けた。

十三〜十四世紀のアジア貿易でイタリアが潤ったのはよく知られています。当時のイタリア半島で為替取引がおこなわれていただろうことは間違いありません。そして、世界初の為替取引銀行であるヴェネチアのリアルト銀行を模倣して、一六〇九年にアムステルダムにつくられた銀行が、ヨーロッパ初の公立振替銀行であると、公式の記録にあります。けれども、ここで世界初とあるのはあくまでヨーロッパ基準で、シナ大陸では、南宋と南北朝に分かれて華北を支配した金が、領土内に銅の鉱山がなかったために為替を使い始めたことがわかっており、元朝のフビライ・ハーンは一二七五年、世界最初の不換紙幣を発行しています。

四　モンゴル帝国がユーラシア大陸の陸上貿易の利権を独占し、外側に取り残された日本人と西ヨーロッパ人が海上貿易に進出して、このあと歴史の主役が大陸帝国から海洋帝国へと替わった。

一四九二年にスペイン南部の港から船出したコロンブスの手には、マルコ・ポーロの『東方見聞録』と、スペインのイザベラ女王からカタイ（シナ）にいる大ハーンに宛てたの書簡が握られていました。

★日本史はどうつくられたか——シナの圧迫に対抗したナショナリズム

岡田史学における古代日本史は、世界史に劣らずきわめてユニークです。

岡田は一九七六年に、日本文明の誕生を大陸との関係で考察した『倭国の時代』（文藝春秋）を刊行し、翌七七年に出した『倭国』（中公新書）は、日本古代史の古典となりいまも売れ続けています。『倭国の時代』は『日本史の誕生』とともにちくま文庫になりました。

古代日本に関する岡田の論旨を特記しますと、

一　『魏志倭人伝』成立の事情を大陸側の政治闘争から解明し、邪馬台国の方位や人口が史実ではない理由を明らかにしたこと

二　日本天皇と日本国の誕生が、六六三年白村江《はくそんこう》の海戦で唐軍に大敗した衝撃によるもので、
　　六六八年であることを立証したこと

などです。また、日本で最初に書かれた歴史は『古事記』ではなく『日本書紀』である、というのも岡田説です。

建国当初から、日本文明には『日本書紀』に代表される立派な歴史があります。これはふつうの国ではあり得ないことです。日本文明が、歴史のあるシナ文明から分かれて独立した、シナ文明への対抗文明だからなのです。

『日本書紀』の内容を駆け足で見てみましょう。

『日本書紀』の書かれ方は、まったく司馬遷の『史記』の枠組みにしたがっています。それでいながら、「日本文明は最初からシナとはまったく無関係に、自律的に発展してきた」と主張します。

また、『日本書紀』では日本の建国は西暦六六八年ではなく、紀元前六六〇年に神武天皇が即位して初代の日本天皇となった、としています。この日付は、実際の日本建国の機縁となった六六〇年の百済の滅亡から、後漢の鄭玄《じょうげん》の理論にしたがって、「文明の一サイクル＝千三百二十年」を遡って、そこに日本の建国を置いたものなのです。

さらに天の神の子孫の神武天皇から応神天皇に至る十五代の天皇、いわゆる「大和朝廷」を

つくり出して、実在した河内《かわち》王朝の初代の仁徳天皇の前に置き、この大和朝廷と河内王朝、播《はり》磨《ま》王朝、越前《えちぜん》王朝が、一連の血統に属するとしました。

これは『史記』が表現する、黄帝から漢の武帝につながる皇帝の「正統」の理論に倣《なら》ったものです。天から降った神々が日本列島に独自の正統をもたらし、それが万世一系の歴代天皇によって継承されて、『日本書紀』編纂当時の天皇たちに伝わった、と主張しているのです。

なぜ建国早々の日本が、このような歴史書を用意せねばならなかったのでしょうか。

そもそも歴史を書くという行為は、プロパガンダ、政治的な宣伝です。

どんな国の歴史も、自国だけが世界であり、この小世界は周囲の世界とは無関係に自律的に発展してきた、と書きます。これは「わが国はどこにも従属しない、独立している」というイデオロギーを宣伝することが目的だからです。だから事実と少々異なっていようが、時間軸がおかしかろうがかまわない、それが当然なのです。

私は『日本書紀』の成立は、世界で最初のナショナリズムの誕生ではないかと思っています。水戸光圀《みとみつくに》の指示で水戸藩が十七世紀から編纂を始めて、約二百五十年後の明治時代、二十世紀初めに完成させた『大日本史』という史書があります。これは南朝と北朝に分かれた天皇家はどちらが正統なのかというかたちで歴史を整理しており、やはりシナ型の正統史観の影響から抜け出せていません。

現代でも、日本史を専門とする学者は、『日本書紀』が創作した日本の独自性、自立性という枠組みを脱しきれていないので、「シナが日本史に及ぼした影響は本質的でない」とします。

もちろん、鎌倉時代にモンゴルが襲来した「元寇《げんこう》」や、そのあと「倭寇《わこう》」が出ていったこと、織豊《しょくほう》政権時代にキリスト教が入ってきたことなどには触れますが、「種子島に鉄砲が来た」「天草でキリスト教徒の叛乱《はんらん》があった」「江戸時代はオランダの蘭学を勉強した」「文明開化でヨーロッパの技術が入った」とエピソードのように書いているだけです。

エピソードを並べても歴史にはなりません。「因果関係」がないと歴史とは言えません。その時代の世界がどのように動いていて、なぜその国の人やものが日本にまで来訪したのか。日本人はそこで何を考え、どう対応したのか。これが「因果関係」です。

こうした因果関係については、日本史では考えないし、教科書でも教えません。また、日本は外国とどこが違っていて、いったいどういう国で、外側の世界とはどのような関係にあったのかという視点も、既存の日本史のなかにはありません。

これは歴史というものの恐ろしい一面かもしれません。どの文明でも、歴史観や世界観は、最初に書かれた歴史書の枠組みの影響から逃れられないものです。『日本書紀』の世界観が、知らず知らずのうちに、現在の私たちの世界の見方に影響を与えている、というよい例だと思います。

西洋史のもとになった地中海文明の『ヒストリアイ』や、東洋史のもとになったシナ文明の『史記』と同じく、日本文明も『日本書紀』の枠組みを継承しているのです。

★「よりよい歴史」を書ける個人とは

岡田は『歴史とはなにか』の最後に、「よりよい歴史」を書くための個人である歴史家の覚悟を示しています。

そもそも歴史家が拠《よ》る史料には、注意して扱わねばならない点がいくつもあります。

第一に、史料は、作者や、作者が属している社会の好みの物語の筋書きにしたがって整理されています。

第二に、史料には、作者あるいはその社会が、記録する価値があると思ったことだけが書かれています。

第三に、史料はすべて、何かの目的があって記録されたものだということです。史料を用いるにあたっては、これらに留意しなければならないのです。

人間は、自分の経験を書くとき、かならず個人の好みが入ります。それは個人の個性による偏向である場合もあるし、その人が属している文化や社会で受け容れられやすい筋書きである場合もあります。

さらに、記録するからには、何か動機がある、と考えなければなりません。情報として発信するとき、他人にも、自分が思ったように思ってもらいたい、という動機がかならず働きます。

歴史には、「よい歴史」と「悪い歴史」があります。正確に言えば、「よりよい歴史」と「より悪い歴史」です。

ただし、この場合の「よい」「悪い」は、道徳的価値判断とも、功利的価値判断とも関係がありません。歴史は法廷ではありません。個人や国家のある行動が、道徳で言って正義だったか、それとも罪悪だったかを判断する場ではありません。それがある目的にとってつごうがよかったか、それともつごうが悪かったかを判断する場でもありません。

歴史家のめざすものは、歴史的真実だけです。

「よい歴史」とは、史料のあらゆる情報を、一貫した論理で解釈できる説明のことです。

もちろん、完全な説明というものはあり得ません。だから「よい歴史」とはいっても、あくまでも「よりよい歴史」でしかないのです。

論理が一貫した説明といっても、誰の立場から見て論理を一貫させるのか、という問題が残り続けることになります。

西ヨーロッパ人なら「神の立場から見て」と言うでしょう。しかし歴史家は神ではありません。「普遍的な個人の立場」とでも言うしかありません。

書く歴史が、ひとりがてんの独り言に終わらないためには、なるべくたくさんの経験を積み、書く歴史家の人格の幅が広く大きいほど、「よりよい歴史」が書ける、ということになります。

しかし、「よい歴史」が他人に歓迎されるとは限りません。

完全に公平な「よい歴史」ほど、利害関係のある個人の立場と衝突しやすいからです。これが国家と国家の関係ともなると、「よい歴史」は、それがよければよいほど、どの国家にとってもつごうが悪いことになりがちです。

つまり、「よい歴史」ほど、誰にも喜ばれない。誰にでも憎まれるおそれがあるのです。

それでも長い目で見れば、「よい歴史」には効用があるはずです。

「よい歴史」は、文化の違いや個人の好みを超えて、また書かれた時代を離れても、多数の人を説得できる力が強いからです。

国民国家の時代である現代では、国民国家同士は自分の国史を持ち出して、自分の立場のほうに理があると主張しがちです。公平な「よい歴史」が書けてさえいれば、そういうものはかなり中和できるだろう。そういう対立は、おたがいさまということになり、かなり解消できるだろう、と岡田は結論で書きました。

岡田は、個人が「よい歴史」を書くことに、人類の将来への希望を託したのです。

★四つの課題――「歴史認識」「歴史戦」に負けない「よりよい歴史」のために

このような岡田史学に心から感動した私は、それを広めるべく、これまでいろいろな本を書き、講義をしてきました。過去をつごうよく書き換え、自己正当化した歴史ではない「よりよい歴史」になるように、自分の書くものには細かく注意を払ってきたつもりです。

歴史というのは、世界を説明する一つの方法です。が、目の前にある現実の世界だけを対象にするのは、歴史とは言いません。

いまは感じ取ることができない、過去の世界をも同時に対象にするのが歴史なのです。

ところが、ストーリー（物語）のない説明というのは、人間の頭には入りません。だから、過去と現在の世界を同時に説明するストーリーが必要になってきます。

ここで大きな問題が発生します。

現実の世界にはストーリーはありません。ストーリーがあるのは人間の頭のなかだけです。過去は無数の偶然、偶発事件の集積にすぎず、一定の筋書きがあるわけではありません。一定の方向もありませんし、一定の終点もありません。けれども、人間の頭でそれを説明するためには、どうしても筋書きが必要になります。

その筋書きが、文化や立場によって異なるから、国によって世界観も歴史認識もまったく違ってくるわけです。

歴史は、自分たちが納得できるように過去を説明するストーリーだということです。だから、史実が明らかにさえなれば、紛争の当事者双方が得心して問題が解決するというようなものではない、ということなのです。残念ながら、世界中の人が納得するような世界史は存在しないし、これからもできないだろう、と言わざるを得ません。

それでも、というか、それだからこそ、これまで私たちが学んできた、日本人ではない人たちが書いた世界史ではなく、日本人のための世界史を、日本人自身が書くべきだと私は強く思うのです。

ですが、これから日本人が書く世界史は、自分たちだけが正しかったというような自己中心史観ではいけません。それでは、これまでの不十分な世界史と同じですし、世界の人たちを感心させることはできないでしょう。

そこで、われわれ日本人が、これからいよいよ自分たちの眼で世界を見直して、自分たち自身で新しい世界史をつくるときに、気をつけなければならないこと、克服しなければいけないことを、四つ示したいと思います。

第一は、歴史に善悪二元論を持ち込まないことです。歴史は法廷ではありません。

第二は、自虐《じぎゃく》史観は、敗戦国民が戦争責任をすべて押しつけられたもので、歴史ではなく政治である、ということを自覚しなければなりません。

第三は、日本列島だけが日本だ、という思想は、『日本書紀』に起源がある古い枠組みだということです。いまでも日本史では、外地はもともと日本ではなかったのだからと、大日本帝国の領土の歴史を日本史のなかで扱いませんが、これは『日本書紀』の世界観・歴史観が現在にも強く影響している悪い例です。

第四は、日本の歴史は神武天皇の即位とともに始まり、シナ文明の影響を受ける前から日本列島には独自の文化があった、という思想も、政治的背景のあるものだということを、私たちは認めなければなりません。

★自虐史観・日本中心史観を超えて——大日本帝国史を日本史として扱うべき

これから日本人が世界史を書くときに、もっとも大きな問題になるのは、前述の第三だ、と私は考えています。

つまり、日本列島だけが日本だという世界観です。

一九四五年に大日本帝国が崩壊したとき、台湾、朝鮮半島、満洲、中国、樺太《からふと》、東南アジア、南洋諸島などのいわゆる外地から、現在の日本国領土である内地に引き揚げてきた日本人は六百六十万人にのぼりました。ところが戦後の日本史は、この人たちを無視しています。それどころか、これら外地に住んでいた日本人たちを、勝手に外国に渡った例外の日本人のように扱ってきました。

また、一八九四〜九五年の日清戦争で日本になった台湾も、一九〇四〜〇五年の日露戦争で日本領になった樺太も、同じく日露戦争後、日本が投資をし続けて、一九三二年にはとうとう独立国家が建国された満洲も、一九一〇年から日本に併合された朝鮮半島も、第一次世界大戦のあと国際連盟から信託統治を委任された南洋諸島のことも、日本史として教えません。

どうして日本史は、拡大した大日本帝国を無視してきたのでしょうか。

もちろん、これも、第二の自虐史観のマインド・コントロールと大いに関係していると思いますが、それだけではありません。日本列島だけが日本だというのは、日本最初の歴史書である『日本書紀』の世界観と、さらには明治以来の日本の歴史教育のせいでもあるのです。

本章で見てきたように、日本の歴史教育は、戦前は日本史と東洋史と西洋史に分かれており、戦後は、東洋史と西洋史が合体した世界史と日本史に分かれてきました。

どちらにしても、日本人にとっては、日本列島の歴史と、海の外の諸外国の歴史は、まったく別のものとして認識されます。だから「歴史総合」という教科が高等学校で始まったわけですが、教える先生たちがそのような教育を受けていないのだから、私はかなり危ぶんでいます。

日本史はもともと、古代から日本列島の内側の出来事だけを論じるものでした。それで、戦後になって、日清・日露戦争から敗戦までの五十年間も、日本列島の内側だけを日本史と見なすことにしたのです。

そして、日本列島の外側はすべて、もともと外国だった。だから、そこに行った日本人は外国の領土を侵略した悪い奴らだ、と戦後の歴史教育は教えます。そう言われて、ふつうの日本人が納得してしまうのは、『日本書紀』に始まる日本史の枠組みのせいではないかと思うのです。

しかし、日常の営みを戦争といっしょにして論じるのは誤りですし、日本人が外地でしたことすべてが悪かったと断罪するのは、あまりに政治的な言い分ではないでしょうか。

これと矛盾するようですが、もうひと言。

第二の自虐史観に反発する日本人はだいたい、それに代わるもの、自虐史観に対抗するものとして、第四の日本神話を持ち出します。日本文明こそが世界一古く、君主は万世一系だ、というような日本中心史観ですね。しかし、こうした神話的な自国中心史観では、何を論じても、結局、中国や韓国と大同小異で、同じ土俵上で争っていることにしかなりません。

国民国家がまだ存在しない時代の歴史を、国民国家史観という現代の枠組みで書くのは誤りです。それを私たちは自覚しなければならないのです。

ヘーロドトス著『ヒストリアイ』と司馬遷著『史記』は、当時としては画期的な世界史だったかもしれませんが、とっくに賞味期限は切れています。ヨーロッパ人の書いた世界史は、完全にヨーロッパ中心史観です。アメリカ人は世界史を書きませんし、中国人はいまも『史記』史観のままです。

だからこそ、世界中の書物を読むことができる日本人が、思想にとらわれずに、事実の因果関係を明らかにした世界史を書ける可能性、世界史を書く資格があると、私は思うのです。

歴史には、宗教やイデオロギーに比べてだんぜん有利な点があります。それは、ストーリーは書き換えが可能だということです。ストーリーは嘘をつくときにも使えますが、宗教のように原理主義に陥ることなく、世界の見方を変えることもできるのです。

過去にある歴史が物語られていたとして、そのあと何十年かたった時点で、今度はそのときの新しい世界を説明する必要が生じる、そういうことも起きます。そんなとき、歴史には、過去を問い直すことができるという柔軟性があるのです。マルクス主義者は相手を攻撃するとき「修正主義」と悪口を言いますが、「修正主義」こそが本当の歴史家の姿勢であると私は強く思います。

日本人に必要なのは、これから私たちはどのような国になりたいのか、世界でどんな役割を果たしたいのかをはっきりさせることです。そうして、私たちの未来への展望を決めてから、私たちの二十世紀の歴史の、何が問題だったのかを見直せばいいのです。

前述した四つの問題点を克服し、あらゆる世界史は、何かしらの立場で書かれているということを自覚した上で、日本人の立場からは世界はこう見える、ということを、いまこそ、世界の人たちに向けて発信しようではありませんか。

第二章

ロシア史に隠された矛盾
——ユーラシア史からロシアの深層を見る

★ボロディン「ダッタン人の踊り」——世界史は思わぬところに顔を出す

さて、少し趣向を変えて、音楽の話でもしながら本題に入っていきましょうか。

十九世紀帝政ロシアの作曲家、アレクサンドル・ボロディン（一八三三－一八八七）のオペラ『イーゴリ公』に「ダッタン人の踊り」という曲があります。旋律がとても美しく、日清カップヌードルやJR東海などのCMに使われた有名な曲ですね。

オペラのあらすじは、ルーシ（古代ロシア）の君主イーゴリ公が、妻の反対や悪い前兆（日蝕）を心配する人たちを押し切って、草原の遊牧民〝ポロヴェツ〟に遠征をするというものです。イーゴリは遊牧民に捕まって捕虜になりますが脱走します。しかしイーゴリの息子は遊牧民の首長の娘と恋仲になり、婿になるのです。

あれ？　ダッタン人はどこに出てくるのでしょう。

察しのよい方はおわかりかと思いますが、「ダッタン人の踊り」にダッタン人は出てこないのです。原題は「ポロヴェツ人の踊り（英：Polovtsian Dances）」で、日本語の題名になるときにポロヴェツ人からダッタン人に変えられたのですね。

『イーゴリ公』はボロディンのもっとも有名で重要な作品とされますが、未完で、初演もボロディンが亡くなって三年後の一八九〇年でした。日本での初演は一九六五年のN響によるものだそうですが、いったい誰が「ポロヴェツ人」を「ダッタン（韃靼）人」と訳したのか、いまではわかりません。

もしかすると、訳した人は、ポロヴェツ人といってもまったく想像もつかないけれど、ダッタン人だったらなんとなく「草原に住む遊牧民だろう」とわかってくれそう、と考えたのではないかと思います。司馬遼太郎のように「『韃靼』ということばがすきだった」という人も日本人にはいますし。

オペラ自体はあまり上演されませんが、「ダッタン人の踊り」は憶えやすく、長すぎないので、頻繁に演奏されます。日本人に愛されているのですね。

いまさら邦題に文句をつけるつもりもありませんが、せっかくですから専門家としてはこれをきっかけに私たちの知らない世界の話をしてみましょう。

歌劇のもとになったのは『イーゴリ遠征物語』という八〇〇年あまり前の軍記・叙事詩です。一一八五年、日本では鎌倉時代が始まった頃ですね。キエフ大公国の公（クニャージ：王、族長）イーゴリ・スヴャトスラヴィチが遊牧民族ポロヴェツを征服すべく遠征しました。しかしこの遠征は惨敗で、イーゴリ自身も捕虜になりました。

遠征先は現在ウクライナ領になっている草原地帯ですが、当時はチュルク系遊牧民のキプチャク人がいました。

キプチャクはロシア語でポロヴェツ、ラテン語ではクマンと呼ばれました。同じ遊牧民集団でも呼ぶほうの言語によってこんなに違います。

遊牧民はだいたい部族連合なので、統一した民族名がないことが多いのです。遊牧民をとりまくいろいろな言語を使う人たちが、それぞれ、自分たちが接触した部族集団の名前で全体を呼んだのではないかと思うのですが……遊牧民の歴史を勉強すると、そういうことばかりなのですね。

さて、私たちにもなんとなくなじみのあるダッタン（韃靼）ですが、この遊牧民は八世紀のモンゴル草原に初めて登場します。宋代（十世紀から十三世紀）の漢字文献では、いまのモンゴル国にいた遊牧民を「黒韃靼」、内モンゴルのチュルク系オングト部族を「白韃靼」と呼びました。

シナ文明では、漢字を知らない野蛮人の名前を音訳するとき、わざと悪い意味の漢字を使うことが多く、韃靼も革偏なのがいかにも蛮族《ばんぞく》視を思わせます。ただし革製品は農耕民ではつくることのできない貴重品・戦略物資でした。

なお、韃靼の元の音は「タタル」です。

韃靼が「タタル」を指すことには文献的な裏づけがあります。ちょうどこのとき、遊牧民も初めて自分たちの文字を持ったからです。八世紀にいまのモンゴル国オルホン河畔《かはん》に建てられたチュルク（突厥《とっけつ》）碑文に、古代トルコ語で、東方に「三十姓タタル」や「九姓タタル」がいた、と記されているのです。

当時、モンゴルはまだ帝国ではなく、このタタル部族に含まれる一集団にすぎませんでした。が、十三世紀にチンギス・ハーンが偉くなって、部族連合の盟主になると、今度はタタル部族たちみんなが「モンゴル」を自称するようになりました。

しかしロシアより西方では、遊牧民としては「タタル」が古くから有名でした。モンゴル帝国がユーラシアを席巻するようになっても、ロシア語ではモンゴルをタタルの複数形で「タタール」、ラテン語では地獄（タルタロス）から来た者の意で「タルタル」と呼びました。

イタリアの幻想作家ディーノ・ブッツァーティの代表作『タタール人の砂漠（Il deserto dei Tartari）』（一九四〇年）は、辺境警備を命じられた若い将校が、来るはずもないタタール人たち（タルタリ）の襲撃を待って人生を空費し、老いて病を得たときに敵軍が現れるというシュールな物語です。近現代イタリア人にも〝砂漠の向こうからタタール人が来襲した〟というイメージが強く残っていることがわかります。

さて十九世紀ロシアのボロディンが曲にしたポロヴェツ人ですが、彼らも十三世紀にはモンゴル人に征服され、服属します。つまりタタル人に組み込まれたのですね。

イーゴリ公の遠征は十二世紀ですから、一世紀ほど齟齬《そご》がありますが、まあまあ「タタール人の踊り」と言ってしまってもいいかもしれません。しかし「韃靼人の踊り」ではちょっと違いますね。韃靼は漢字文化圏での名前です。

もう少しつけ足すと、タルタルステーキやタルタルソースはラテン語でモンゴルをタルタルと呼んだのが語源です。しかし、モンゴル人が生肉を食べるという話は聞いたことがありませんし、ふつうモンゴル人は馬は食べません。たんに蛮族風ということでタルタルと呼んだのでしょうか。

また十八世紀までヨーロッパで作られたアジア地図では、シベリアから満洲までを「タルタリー」と記していました。そのため、江戸時代の日本人は間宮林蔵《まみやりんぞう》が発見した間宮海峡（大陸と樺太島《からふと》のあいだ）を「韃靼海峡」とも呼んだのでした。

「ダッタン」「タタール」は大陸の東であるか西であるかを問わず、あちこちにひょこっと顔を出す、逝《ゆ》きしモンゴル帝国の面影のようなものかもしれません。この際タイトルの誤訳は大目に見ましょうか（笑）。

★コサックの子孫であるウクライナが「もともとロシアの一部」？

ふつうの音楽ファンなら気にも留めないような「ダッタン人」の話ですが、世界史の視点で見るとこんな連想が次々浮かびます。

これはいろいろなトリヴィアを知っている、ということではありません。現代人が忘れていたことの中に、何百年とか千年前の歴史が生きている、ということなのです。

いまロシアの侵略を受けているウクライナですが、プーチンをはじめとするロシアの政治家は「ウクライナはもともとロシアの一部」と公言し、侵略・併合を正当化します。大国の大統領が自信満々に言うのだから、とそれを受け容れてしまう人が日本人にも多いです（権威に屈するということですね）。また、その尻馬に乗って自分の権威・権力を増そうと立ちまわる人も現れます。

そうした下心のある言説も、出てくるときは一つの「仮説」のかたちをとります。仮説ですから、批判・検討して、妥当かどうか判断するのが学徒のとるべき態度でしょう。「下心があるから」「政治的な意図があるから」と否定することも世間ではおこなわれますが、学問の立場ではそれは避けるべきで、あくまでも学問的に評価して当否を判断すべきでしょう。

では「ウクライナはもともとロシアの一部」という説は妥当なのかどうか、検討してみましょう。

ウクライナは黒海北岸に広がる大草原が主な国土で、「歴史の父」ヘーロドトスが紀元前五世紀に著した『ヒストリアイ』にも〝遊牧民の本拠地〟と記されていました。

いっぽう、ロシアの起源となったルーシ（ルス族：古代ロシア）は、もともとスカンディナヴィアのノルマン人を指す言葉で、九世紀に北方から河伝いにやってきたリューリク一族が、ノヴゴロドやキエフの町を支配したのが始まりとされます。河は古代の貿易路なのです。

先に触れたオペラ『イーゴリ公』のように、キエフ大公国時代はルーシ諸公は町に住み、ウクライナの大草原には遊牧民であるポロヴェッツがいました。ポロヴェッツはロシア語での呼び名ですから、中立的にはチュルク系のキプチャク人と言うべきでしょうか。

十三世紀にモンゴル軍が侵入すると、この地域は町も草原もすべてチンギス・ハーンの長男ジョチを祖とするジョチ家の領地となりました。モンゴル人は人頭税を徴収するため、ロシアで史上初めて戸籍をつくり、徴税官と駐屯部隊を各地に置きました。

モンゴル人支配下でキエフに代わって発展したのがモスクワです。モンゴルの侵入当初、モスクワはまだ小さな砦にすぎませんでしたが、モスクワ公はチンギス家の皇女と婚姻を結び、徴税を請け負い、十四世紀にはルーシ諸公の筆頭となったのです。

当時のルーシ諸公でモスクワ大公と覇権を争ったのは、リトアニア大公のヤガイラスでした。

ヤガイラスはポーランド女王と結婚し王配《おうはい》（女王の配偶者）となり、カトリックのキリスト教に改宗し、ついにはポーランド王を兼ねました。またヤガイラスの従弟のヴィタウタス大公はのちにバルト海から黒海に及ぶ広大な地域を支配する基礎を築きます。

この頃リトアニアの支配下にあったルーシが現在のベラルーシ人で、ポーランドの支配下にあったルーシが現在のウクライナ人になりました。

ウクライナは広大で、東部はモスクワ大公国の領域でしたし、クリミア半島はジョチ家の後《こう》裔《えい》であるクリミア・ハン国として他から独立していました。クリミア半島は古代からギリシア人が植民した通商の要地です。地形的にも地峡（細くくびれた陸地）で本土から隔てられているので独立性が高かったのでしょう。

ロシア語ではモンゴルを「タタール」と呼びます。クリミア・ハン国の人たちもタタール人と呼ばれ、モンゴル帝国の正統な後裔であると広く認められていました。クリミア・ハン国はその後も存続しましたが、一七八三年、イェカテリナ二世のロシア帝国に併合され、ついに消滅します。これがモンゴル帝国の終焉でもあります。そう、世界の広大な地域を支配したモンゴル人の帝国は、クリミアで最後を迎えたのです。

このときクリミア・タタール人たちはイスラム教徒になっていました。一九四五年、ソ連のスターリンはその全員を中央アジアやシベリアに追放します。またスターリンはウクライナで意図的な飢餓を引き起こし、当地の大草原で暮らしていたコサックの子孫たちを大量に餓死させました。ホロドモールと呼ばれる人工飢饉《ききん》・虐殺《ぎゃくさつ》です。

スターリン自身はグルジア（現・ジョージア）出身ですが、異民族に理解を示したレーニンに批判的で、少数民族対策には容赦がありませんでした。ロシア帝国の後継国家であるソ連の指導者という意識だったのでしょうか。

ソ連崩壊後の九〇年代、追放されていたタタールの子孫はウズベキスタンなどから故郷に戻りましたが、彼らの土地にはロシア人が入植していました。それでいまのウクライナ東部やクリミアにはロシア系住民が多数いるのです。平和的に混住が進んだわけではありません。

ウクライナ人のアイデンティティは、草原を駆け巡った勇壮なコサック集団にあります。ロシア史の定説では、コサックは逃亡農奴とされていますが、それは政治的な意図による矮《わい》小《しょう》化ではないでしょうか。コサックはアタマン（トルコ語で百人隊長）と呼ぶ首領を選出し、自律的に軍事共同体を形成し、広野で人馬一体の生活をしていましたから、どこから見ても出自は遊牧民です。

われわれの考えるようなふつうの農民出身者ではありません。あとでもう一度、十八世紀のプガチョーフの叛乱のところで詳しく考察しますが、貧乏になった遊牧民がロシアの制度下で農奴にされて、それから逃げ出した、という筋書きならありそうですけどね。

ただし、ザポロージャ・コサックはポーランド・リトアニア共和国と組み、ドン・コサックはロシア皇帝と組んだりして、政治的には複雑です。ウクライナは広大ですから、東部と西部、南部で異なる歴史があったのは事実です。ただし、それを以て「ウクライナはもともとロシアの一部」と言っていいかどうか。同胞であったなら、なぜ弾圧や虐待・虐殺を繰り返すのでしょうか。

★つくられた民族的トラウマ「タタールのくびき」

十三世紀、チンギス・ハーンの息子たちであるジョチ、チャガタイ、オゴデイ、トルイたちはそれぞれ軍団を率いて大遠征をし、モンゴル帝国は爆発的に版図を広げました。東方では金を滅ぼし太平洋岸に至り、西方では中欧のハンガリーまでを平らげ、ポーランド西部でドイツ騎士団を破りました。いよいよ西ヨーロッパに進軍しようとした一二四二年春、オゴデイ・ハーンが前年末に亡くなったので全軍引き揚げ、という急使が来ました。遠征は総司令官であるハーンの専権事項なので、総司令官が亡くなったら次のハーンを、皇族や将軍たちが集まる大集会で決めなければならないのです。

しかし後継ぎ候補のオゴデイの息子グユクと、皇族の中での最年長者であるジョチの息子バトゥの仲が悪く、グユクを選挙するはずの会議がジョチ家によってボイコットされ、五年も空位が続いてしまいます。

こんなトラブルがなければモンゴル人の軍団は西ヨーロッパをも席巻し、さっさと大西洋岸に達していたのは間違いありません。西ヨーロッパがモンゴル人の襲来を受けずに済んだのはまさに僥倖《ぎょうこう》でしょう。それでも「東からタタールが疾風のように攻めてくる」というイメージが、その後も長く西欧世界の人たちの深層心理に刻みつけられました。

では、実際にモンゴルに蹂躙《じゅうりん》され、その後も支配下にあった地域ではどうだったでしょう。

たとえばこんにちのロシアです。当時はルーシ諸公の国ぐにが散らばっていたのを、モンゴルの軍団が一斉に征服し、駅伝制・戸籍・人頭税・市場などで諸都市をフラットにつなげてしまいました。強大な帝国の支配下ですから異民族間の深刻な争いはなくなり、人の移動や交易が盛んになりました。こうなると発展するのは当たり前でしょう。「パクス・モンゴリカ」とラテン語で呼ばれる、モンゴル帝国支配下での平和が実現します。

ロシアからカスピ海北岸・黒海北岸に至る大平原を治めたのはジョチ家です。チンギス・ハーンの長男ジョチ、その子バトゥを宗主とする遊牧王権で、ロシアでは「黄金のオルド（ゾロタヤ・オルダ）」と呼ばれます。

オルドとはハーンの大帳殿《だいちょうでん》（大テントの宮殿）のことで、柱は金箔張りで輝いていたそうです。ウクライナの大平原にいた遊牧民を先にポロヴェッツと紹介しましたが、テュルク語ではキプチャクですのでキプチャク・ハン国の名でも知られています。漢字で金帳汗国と書くのですが、つまり黄金の柱のテント、の意を漢字で当てたのですね。

一二三七年、モンゴル軍の侵入を受けたときモスクワは小さな砦にすぎませんでしたが、モスクワ公が「黄金のオルド」に忠誠を誓い、徴税を請け負ったことから大発展します。一三二八年には「黄金のオルド」第十代オズベク・ハーンがモスクワ公イヴァン一世をヴラディーミル大公に叙し、モスクワ大公国は一三九九年には十七の万人隊（トゥムまたはトゥメン）を持つ地域大国になっていました。これは黄金のオルドがバルト海沿岸の地域大国リトアニアを牽制するため、意図的にモスクワを優遇したから、とも言われます。

実力をつけたモスクワ大公国はやがてオルドへの貢納を拒否し、大公はツァーリを名乗り、のちのロシア帝国を準備します。黄金のオルドは衰えて、タタール人政権はクリミア・ハン国に移って続きますが、オスマン帝国の保護も失い、前述のように、ついに一七八三年、ロシア帝国に併合、つまり呑《の》み込まれて滅びてしまいました。

モンゴル帝国の支配下で力をつけたロシアですが、現在のロシアの歴史家はそうは言いません。むしろ、モンゴルをはじめとする遊牧民からの影響を極力過小評価し、あるいは異民族によって苛烈《かれつ》な支配を受けた、と歴史を書き直しています。

これは十八世紀末以来の、ロシア国民学派と呼ばれる愛国主義的な歴史家たちのしわざです。代表的なのはニコライ・カラムジン（一七六六－一八二六）ですね。じつはカラムジンという姓もタタール系なのですが。

ロシアの歴史家はモンゴル支配の数百年間を「タタールのくびき」と呼び、「アジアの野蛮人による圧政のもとで、ロシア人は苦しめられた」と主張しました。とくに、モンゴル人は侵攻時に大虐殺をおこない、人口の半分を殺した、あるいは五十万人殺した、などと残虐性が強調されました。もっとも喧伝《けんでん》されたのは十九世紀のロマノフ朝時代です。

しかしこれは政治的な宣伝ないし歴史の歪曲《わいきょく》に近い、と今日では言われています。モンゴル人の支配はゆるやかで、領域の国ぐには発展し、人口は増え、宗教的にも寛容で、ロシア正教はじめさまざまな宗派が認められていたことが判明しています。

しかし現代でもロシア史家は「四分の三の都市が破壊された」「手工業者が殺され、あるいは捕虜として連行されたため、ロシアの工業発展は何百年も遅れた」などと言います。ロシアの手工業が発達するのは、モンゴル支配下でイスラム諸国の先進技術が入ってきてからなのでロシア史家の主張と矛盾しているのですが、どうも愛国史観はそういった矛盾は気にしないようです。

さらに、よく言われるのが、「タタールのくびき」のせいでロシアには東洋的専制主義が根強く残り、西欧的な発展ができず、遅れた国になってしまった、という主張です。

しかし本当にそうなのでしょうか。先に述べたように、モンゴル人の支配はゆるやかで寛容、当時としては非常に開明的です。同じようにモンゴルが支配した他の地域も専制的になっていたのならそう言えるかもしれませんが、元朝やムガール帝国は必ずしもそうではないようです。

ロシア人にとっては、モンゴルの支配がいまも歴史的なトラウマとして残っているのかもしれませんが、それが歴史的な事実に基づいているかどうかは、一方の主張だけでは判断できないのではないでしょうか。

かつて共産主義で世界をリードしたという誇りと、ヨーロッパから見下されてきたという劣等感が同居しているロシア人にしてみれば、異民族に何百年も支配され、その庇護《ひご》下で発展したというのは認めたくないことかもしれません。しかし、だからといって「何百年も虐待された」「発展が遅れた」と、事実とは言いがたいことを〝歴史〟と称するのは、学問として許されるのか、という疑問が残ります。

★アイデンティティもない、歴史もない、ないない尽くしのロシア

先ほどの特別講義では「岡田史観」の見方として「歴史のある文明」「歴史のない文明」を紹介しました。では、いま話題にしているロシアは、どちらに当たるのでしょう。

岡田はロシアのことをどう説明していたか。岡田自身の文章を引く前に、木村汎《ひろし》（一九三六－二〇一九）先生が岡田の言葉を非常に興味深く紹介してくださっている一文があるので引用させてもらいます。

木村先生は北海道大学と国際日本文化研究センターの名誉教授で、ロシア政治・日露関係の専門家でした。

ロシア人とは、一体何か？　帝政時代は、ロシア正教を信じている人である。あるいは、ロシア語を話す人である。こういった風に、ロシア人はかつて言語や宗教によってアイデンティティを決めてきました。（略）

ソ連時代になると、共産主義イデオロギーを信じている人がソ連人であるということになった。ロシア人でなくて、「ソ連人」というコンセプトが生まれた。（略）

ところが、七十年間つづいたあとソ連はなくなった。ソ連時代はロシア語に二つの言葉がありました。「ルースキー」というのはロシア人。それに対して、民族、言語、宗教の点ではロシア人でないけれども、ソ連邦の一員、すなわちソ連市民という意味での「ラシアーニン」と

いう言葉がつくられ、加わった。よく考えてみると、これは不自然なことです。バルト三国のエストニア人、ラトビア人、リトアニア人が、チェチェン人やカザフ人と同一国の人間というのは、どうも不自然である。宗教、民族、言語も全部違うのに、同一国民とみなすのは土台無理の感じがする。

そう私が思っていましたら、岡田先生が、胸がすくような大胆かつ独創的なことをおっしゃった。僕はもう椅子から転げ落ちるぐらいびっくりしました。つまり、ロシアはないない尽くしなのだと。（略）岡田先生いわく。まず、ロシア人には独自のアイデンティティがない。名前もない。「ルーシ」という言葉は、もともとロシア語ではない。ロシアには歴史がない。ロシア史は、大学の講座で言うと西洋史学科に入るのか、東洋史学科に入るのか。これは日本の大学の問題でもあるのでしょうが、どちらにも入らないと言わざるをえない。そして、現ロシアにはイデオロギーもない。共産主義が間違っていたことがわかっただけに止まっている。もちろん、その後に「主権的民主主義」とか、「垂直的統治」とかいろんな言葉やコンセプトを発明はしている。例えばスルコフというプーチン政権のイデオローグはプーチンにゴマをすって、プーチン統治を何とか正当化しようと試みている。例えば「主権的民主主義」は、西洋型の民主主義ではなくて、ロシア版の民主主義をめざしている。それは、ロシア独特の民族や伝統を加味した民主主義であり、外国はそれに干渉するべからず、と。（略）

ともかく、岡田先生によると、ロシアにはイデオロギーもなければ、歴史もなければ、文明と呼ばれるものもない。仮にシビライゼーションがあるとしても、失敗したそれである、と。

先生の結論は、僕の意見とも似ております。ロシアは多民族の混合体（ミックス）である。ただの寄せ集めにすぎない。たしかにアメリカも人種のるつぼです。が、アメリカ型民主主義やアメリカ的な価値観を信じ、それを良しとする人々が移民として渡って行ってつくった国である。ロシアはそうではない。（略）

最近の言葉で言うと、ロシアはユーラシア国家としてのアイデンティティ形成にも成功していない、と。岡田先生のおっしゃるとおりです。一時私たちは、嫌というほど聞かされた。ロシアはユーラシア国家である。双頭の鷲の国章が示しているように、二つの頭（顔）を持つ鷲であり、一つの頭は西（ヨーロッパ）へ向き、一つの頭は東（アジア）へ向いている、と。また、同様に嫌というほど聞かされた。「ロシアは、ヨーロッパとアジアの架け橋になる」と。こういうセンチメンタルな美辞麗句を、先生はがつんと一刀両断に「どちらでもなく思い上りもいいところだ」と断言される。

（岡田英弘編『モンゴルから世界史を問い直す』2章〈発刊記念シンポジウム「岡田史学とは何か」PP．119－121〉）

ここで誤解しないでほしいのですが、「歴史がない」「アイデンティティがない」「イデオロギーもない」といった物言いは、乱暴で口が悪いように聞こえますが、けっしてロシアやロシア人を貶《おとし》めようとしているのではない、蔑《さげす》んでいるのではありません。

ここは重要なのですが、「歴史のある文明」「歴史のない文明」といっても、「歴史のあるほうが偉い」わけではまったくないのです。ただ単に、片方にはあった、もう片方にはなかった、というだけにすぎません。

また、歴史がなかった文明が歴史のある文明に接触した結果、対抗するために歴史を持とうとする「対抗文明」は岡田史学の重要な概念ですが、だからといって「対抗文明」は「歴史のある文明」より劣ってるわけではないのです。

世界認識に「優劣」や「勝ち負け」といった概念を持ち込むべきではないのです。世界を見る目が曇ってしまうからです。ただ虚心坦懐《きょしんたんかい》に、「そういう状態にある」「そういうものとして成立している」と受け取っておくべきでしょう。

ですからここは、岡田がロシアを指して嘲笑している、などと受け取るのは大間違いです。むしろ、歴史がない、アイデンティティもわからない、イデオロギーも失われた、といったロシア人の置かれた苦境を言葉にし、彼らの苦しみがどこから来るかを歴史学者として探っている、学問に基づいた冷徹なヒューマニズムと言えると思います。

☆人には「神話としての歴史」が必要

岡田は『歴史とはなにか』でこんなことを言っています。

日本人にはモンゴルが好きな人が多くて、モンゴルに観光旅行に行っては、われわれの祖先はここから来たんですね、と言う。騎馬民族説にはなんの根拠もないんですよ、あれはまったくの空想なんですよと言っても、みんな、ふーんと言うだけで、まったく耳をかそうとしない。だいたい、ふつうの人はそういうものだ。これは、神話としての歴史を必要とする、心理的な欲求があることを示している。歴史に、情緒的な満足を求めているのだ。

だから騎馬民族説が、根拠のないただの空想で、歴史的事実ではないとしても、それが史実ではない、と言うだけではだめなので、もっと「よい歴史」を提供しなければいけない、ということになる。

（岡田英弘『歴史とはなにか』文春新書、二〇〇一年「神話をどう扱うべきか」P.116）

誰にも歴史への欲求があるのです。この国に帰属する感覚、アイデンティティや、自分がここにいるのは先祖や民族がいたからだという意識、そしてその歴史がドラマチックであるはずという神話的な情緒がほしいのです。ないと不安なのです。

ですから、イデオロギーという神話を失ったソ連の人たちは、ソ連崩壊とともに大急ぎで他国を見ならって歴史や神話を用意しなければなりませんでした。先に木村先生が例として挙げておられた「主権的民主主義」もその一つでしょう。ロシアにはロシア流の民主主義があり、それは西欧に劣らぬものであり、他国に何か言われる筋合いはない……ロシア人のプライドがいまにも崩壊しそうに震えているかのようです。歴史や神話を持たないということはつらいことなのです。

しかし、手っとり早く満足するために歴史・神話をでっち上げることこそもっと深く民族のプライドを傷つけるのではないでしょうか。

嘘や捏造《ねつぞう》のない、史料のあらゆる情報を、一貫した論理で説明できる「よい歴史」によってでしか、民族の本当のプライドは守られないはずです。「よい歴史」には自民族に不都合なことが書かれていることもありますが、それを直視する勇気が必要です。

もう少し、岡田がロシアについて何と言っていたか、引用してみましょう。

こんどは少し難しくなりますが、ロシア文明をどのように規定すべきか、という話です。


ロシア文明は、成立当初の現実を否認して、借り物の地中海文明の歴史文化を導入し、しかもその定着に失敗した文明である。ルーシが海を渡って東スラヴを支配した九世紀には、この地方の文明はユダヤ教のハザル帝国の文明であった。ルーシはハザルを倒し、東ローマと結んでキリスト教を導入するが、ルーシの都市文明はまだ原始的であった。そこにモンゴル文明が波及して、四百年間ルーシと東スラヴを支配した。その間、十六世紀にモスクワ大公イヴァン四世が初めて全ルーシのツァーリと称するが、ツァーリはハーンの訳語であって、チンギス・ハーンに始まるモンゴル文明の伝統を継いだものであり、東ローマ皇帝の意味ではない。ルーシのリューリク家が断絶して、モンゴル人のツァーリ、ボリス・ゴドゥノフの治世のあと、スラヴ人のロマノフ家のツァーリ、ピョートル一世に至って初めてモンゴル文明の伝統を否認し、地中海文明に属することを主張するようになるが、いかんせん、ロシアはかつてのローマの辺境からあまりに遠く、本来ヨーロッパの一国であるとするのは無理である。地中海文明起源の歴史文化は、ロシア文明になじまない。ロシア革命が歴史そのものを否定し、代わりにマルクシズムを導入したのは、この無理が動機になったのであろう。そのマルクシズムも今や否定され、ロシア文明は、いよいよ歴史もイデオロギーもない文明となった。

（岡田英弘・樺山紘一・川田順造・山内昌之『歴史のある文明・歴史のない文明』筑摩書房、一九九二年　第一章「中国文明における歴史」P.23）

短いなかに大事なことがたくさん詰まっているので、要点を整理してみましょう。

①ルーシ侵入以前の東スラヴにはユダヤ教のハザル帝国などがあった。
②（スカンジナビアからの外来民族）ルーシが東スラヴに侵入した。
③ルーシはユダヤ教のハザル帝国を倒し、東ローマ帝国のキリスト教を導入。
④モンゴル帝国が襲来、以後、ルーシと東スラヴを四百年間支配した。
⑤モンゴル支配下のモスクワでツァーリ（ハーンの訳語）が力をつける。
⑥ツァーリはルーシ→モンゴル（タタール）人→スラヴ人と替わり、モンゴル帝国の影響から脱する。
⑦スラヴ人のピョートル一世は地中海文明の歴史文化を導入するが、うまく定着せず。
⑧ロシア革命が起きてすべての歴史が否定され、マルクス主義のみを奉じる。
⑨ソ連崩壊によりマルクス主義も否定され、歴史もイデオロギーも失われた。

かつて侵入したルーシが、新たな侵入者であるモンゴル帝国に支配され、やがて支配から脱し、と対決と変化の歴史があることがわかると思います。ヘーロドトス的な歴史観でスラヴを記述するとこうなるのです。

反対に、シナ的な歴史観で記述することも可能です。

たとえば、スラヴ人が原住民であるロシアという土地には一つの〝天命〟があり、支配者はルーシ→モンゴル帝国→スラヴ人→共産党と入れ替わりながら受け継がれたが、正統は少しも変わらず存在し続けた、となるでしょうか。

しかしこれは、あらかじめ結論が決まっている歴史観なので、このような変化が起きたのにはどういった力が働いたからかは説明できません。また、いまのロシアの人たちがどのような歴史観、神話、ストーリーで世界を認識しているかも、シナ的歴史観では説明できません。

まず、アウトラインとして岡田が提示した東スラヴの歴史を覚えておきましょう。それを適宜肉づけし、修正しながら、ロシア人の世界認識へ迫っていけばいいのです。

①ルーシ侵入以前の東スラヴ——ロシア人の土地ではなかった

それでは、先ほど挙げたロシア史の要点を、別の論考を引きながら説明してみましょう。

まず①の、ルーシ侵入以前の東スラヴには誰が住んでいたか、です。

岡田は「ユダヤ教のハザル帝国」をまず挙げています。ハザル、カザールまたはハザールは、七世紀から十世紀にかけてカスピ海から黒海沿岸の平原に栄えた遊牧民の国です。民族的にはテュルク系と思われますが、支配層が九世紀頃にユダヤ教に改宗し、ユダヤ教を国教としたとされます。しかし、詳しいことはわかっていません。支配層はユダヤ教でも、一般人はイスラム教徒だったのではないかとも言われています。ルーシの侵入によってハザル帝国は弱体化してゆき、十世紀には滅亡します。ハザルのユダヤ人は離散し、のちのアシュケナジム・ユダヤ人の先祖となった、とされます。

寄り道してユダヤ人について少し説明しておきましょう。

アシュケナジムとはヘブライ語でドイツを意味し、東欧から中欧にかけて多い白人系のユダヤ人を指します。

アシュケナジム・ユダヤ人に対抗する概念はセファルディム・ユダヤ人です。主にイベリア半島の、肌の浅黒いユダヤ人をこう言いましたが、こんにちでは中東系や北アフリカのユダヤ人を指すこともあります。

数が多いのはアシュケナジムで、第二次世界大戦時には東欧・中欧のナチス占領地域や対ソ作戦で攻め込まれたウクライナに多かったので、非常に多くのアシュケナジム・ユダヤ人が虐殺の犠牲になりました。生き残った人はイスラエルに移住して建国に協力したり、アメリカに移住して経済・学問・芸能などの分野で成功しました。

ウクライナなど東スラヴの平原地帯には古くから多くのユダヤ人が住んでいたので、ロシア時代やソ連時代には民族問題の焦点になりました。「ポグロム」はロシア帝国によるユダヤ人迫害で、ミュージカル『屋根の上のバイオリン弾き』はユダヤ人の一族がこの迫害を逃れてアメリカへ脱出する、という物語ですね。

ロシアの民族問題は歴史的に三つある、と岡田は言っています。

ロシアの民族問題の三本の柱というと、一つはドイツ人との関係、もう一つはモンゴル人との関係、そしてもう一つは、これよりはマイナーなレヴェルだが、ユダヤ人との関係ということになる。こういう人たちとの関係が、十三世紀からいよいよ現れてくる。

（『岡田英弘著作集Ⅱ世界史とは何か』藤原書店、二〇一三年「ロシア民族とは何か」P．228）

岡田はなぜユダヤ人の問題を「これよりはマイナーなレヴェル」と言ったのか。歴史的にはユダヤ人迫害はたいへんな悲劇で、中世から続いたそれは二十世紀に大虐殺となり、こんにちも「反ユダヤ主義」としてくすぶりつづけ、争いの火種になっている深刻な問題です。しかしロシア史においてはドイツ人、モンゴル人に続いて三番目にすぎない……。

これはロシア人の世界観につながる重要な指摘ですが、かなり大きな問題なのでのちに詳述します。いまは少し棚上げしておきましょう。

さて、ハザル帝国のあったカスピ海から黒海沿岸の大平原には、もともと遊牧民のスキュタイ人が住んでいました。ヘーロドトス『ヒストリアイ』にも重要な民族として登場します。

ギリシア人が初めて黒海のほうに出てきたとき、この方面に住んでいたのは、キンメリオイ人という遊牧民だった。これはどういう人たちかよくわかっていないのだが、紀元前八世紀の末に、東方の草原からスキュタイ人（遊牧民）が侵入し、キンメリオイ人を追い払った。キンメリオイ人は、コーカサスを通って今のトルコ共和国のアナトリアに逃げ込み、そこで消え失せてしまった。キンメリオイ人の名前は、今のクリミア半島に残っていると言われている。

それからスキュタイ人が、黒海の北の草原に広がる。そして数百年の長きにわたって、この地方を占拠する。スキュタイ人というのは、イラン系の言葉を話す人たちだったと言われている。歴史の父と言われるヘーロドトスの記録にも、詳しくスキュタイ人の生活が書かれていて、東方のモンゴル人などの遊牧民と共通する文化を持っていたらしい。

（前掲書「ロシア民族とは何か」古代における南ロシア草原地帯 P.2―7）

いまのウクライナ南部の平原には、キンメリオイ人↓スキュタイ人↓ハザル帝国の人びとが入れ替わりながら住んでいた。彼らはロシア人の先祖ではありません。この大平原はロシア人の心の故郷かもしれませんが、ロシア人の先祖はここにはいなかったのです。

②祖先「ルーシ」はスラヴ人ではない――ロシア人に不都合な史実

スキュタイ人の精巧な青銅器や黄金の細工品はモンゴルやシナ北部から、ベトナム北部まで広い範囲から見つかっています。スキュタイ人自身がそこにいた直接の証拠とは言えませんが(交易で運ばれることもあるため)、相当移動する民族だったのは間違いないようです。

そこにモンゴル高原に興った遊牧民が、西への移動を始めます。カザフスタン、北コーカサス、ウクライナと草原を伝ってヨーロッパ方面へ侵入するのです。

有名なのが紀元四世紀に東から中央ヨーロッパへやってきたフン族です。モンゴル高原で帝国をつくった匈奴《きょうど》の後裔かと言われています。

五世紀のフン族にアッティラ大王が現れ、西進してゴート族(ゲルマン人)を撃破し、ゲルマニア、ガリア、イタリアまで攻め込みました(四五三年、アッティラ死亡)。この破壊活動が世界史を大きく動かしました。

フン族の蹂躙に耐えられなくなったゲルマン諸族が、大挙して中欧から西方へ移動を始めたのです。そして四七六年、ゲルマン人傭兵隊長オドアケルが、西ローマ帝国最後の皇帝を廃位します。これが「古代と中世の画期」とされる、西ローマ帝国の滅亡です。

フン族はたいへんな勢いで中欧を横断しましたが、長続きせず、ポーランドからドイツ、南のバルカンには支配の空白が生じました。そこに東から進出してきたのがスラヴ人だったのです。

いよいよ、ロシア人もその一族であるスラヴ族の活動が始まるわけだが、そのスラヴが、もともとどこに住んでいたのかよくわからない。どうもロシアの南部、ウクライナの北部からポーランドの東部あたりにいたらしい。ロシア、ポーランド、双方の学者は、お互いの我が田に水を引く式の議論をするばかりで、いまだに決着がついていないのだが、ロシアとポーランドの国境あたりにいたらしいという点については、争いがない。（略）

七世紀になると、スラヴ族の南下がたいへんな暴威を振るう。バルカン半島を南下して、ギリシアをことごとく席捲してしまう。東ローマ帝国の首都であったコンスタンティノポリス（今のイスタンブル）の周辺だけはなんとか守り抜いたが、それ以外のギリシアは完全にスラヴ族に蹂躙されてしまった。それだけでなく、一部はエーゲ海の諸島にまで進出したという話である。

（前掲書「ロシア民族とは何か」ロシア国家の形成 PP．219－220）

このスラヴ族はインド＝ヨーロッパ語族で、スラヴ語を話していましたが、文字がありませんでした。東欧中を広く支配したスラヴ族に対して、ハンガリー人が侵入してドナウ河中流域を支配し、バルカン半島のスラヴ族を分断します。スラヴ族は西と南、東に分かれ、スラヴ語は、ロシア語・ウクライナ語・ポーランド語・セルボ＝クロアティア語・ブルガリア語などになりました。これら諸語はかなりの語彙が重複しており、相互に通じることもあるようです。

ただしハンガリー語はフィン＝ウゴル系といって、フィンランド語などと同じアジア系の言語です。モスクワから北東の地域ももともとフィン人の土地でした。スラヴ人がフィン人の土地へ入り、やがてロシア人となっていくのです。

そしてロシアという国の祖とされる〝ルーシ〟の人びとが登場します。②ですね。

ロシア人というのは東スラヴで、あまり歴史に出てこない。歴史というのは、どうしたって地中海沿岸、ギリシア、ローマ、東ローマ帝国というところに記録があるわけだ。東スラヴは文字のない種族のあいだに広がったために、歴史への登場が遅れた。ところが八六〇年に突然、ウクライナのドニェプル河を下ってヴァランゴイ人という人々が現われ、船でコンスタンティノポリスを攻囲した。これがのちに言うルーシである。ロシア人の語源になったルーシという種族が、このとき初めて歴史に現われたのである。

この人たちの正体は何かと言うと、じつはヴァイキングなのである。スカンディナヴィアのノルマン人のヴァイキングが、ロシアを縦断し、ドニェプル河を下って黒海に現われたわけである。

ここでロシアの地理構造を説明すると、ヨーロッパ・ロシアは平らなところで、山らしい山が全然ない。そこに大きな河がたくさんあり、ゆるやかに流れていて、水運が非常にいい。そのうちのいちばん大きい河が、ヴォルガ河である。ヴォルガ河は、アストラハンでカスピ海に流れ込んでいるが、ずっとさかのぼると、バルト海がいちばん東に喰い込んでいるフィンランド湾の東側、サンクトペテルブルグの少し北にあるラドガ湖という非常に大きな湖に至る。そこが水源になっている。だから、バルト海からひと跨ぎしてラドガ湖まで行けば、そこから船で下って、カスピ海まで行けるようになっているのである。

（前掲書「ロシア民族とは何か」遅いロシアの建国P.222）

北から南までを自由に往き来できる水系を伝って、北方のヴァイキングが東ローマ帝国の勢力圏内に現われた。これがルーシの祖だということです。

『ロシア原初年代記』という古い書物は、日本でいえば『古事記』『日本書紀』に当たる歴史書で、十二世紀の初めのことまで記されています。

その『年代記』によると、ルーシの三兄弟（リューリク、シネウス、トルヴォール）が東スラヴの人びとから招かれ、この地にやってきて町の公（クニャージ／王、族長）となった。さらに八八二年にはリューリクの家臣二人がドニェプル河を南下してキエフを占拠した、とのことです。東ローマの記録などと突き合わせると年代が合わない記述もあり、微妙なのですが、九世紀中葉なのは確かでしょう。

おもしろいのは〝ルーシ〟というのは何かということである。ロシア語の文献だけではなく、アラビア語の文献にも出てくるが、ゲルマン人のことを、当時ルーシと言ったらしい。「ルーシがやってきて、ノヴゴロドなどの北ロシアに都を定めた。一派がさらに南ロシア、ウクライナに南下して、キエフに拠った」とあってこれがロシアの建国ということなのである。したがって、ロシアを建国したのはスラヴ人ではなく、スカンディナヴィアのノルマン人だという

■地図❶ キエフ大公国形成前のスラヴ諸族（著者作成）

9世紀末のスラヴ人居住地域
セルビア　主なスラヴ族
バルト人　その他の諸族
ルーシの支配地域
ラドガ湖
フィン人
ノルマン人
スウェーデン人
ノヴゴロド
デーン人
バルト海
バルト人
ヴォルガ河
スモレンスク
モルドヴァ人
ポーランド人
シレジア人
ドイツ人
チェコ人
キエフ
ドン河
モラヴィア人
スロバキア人
ドナウ河
ハザル人
ヴェネチア
スロヴェニア人
ペチェネグ人
マジャール人
クロアチア人
セルビア人
アドリア海
黒　海
カフカース
ブルガリア人
コンスタンティノポリス
アルメニア人
ギリシア人
アテネ
地　中　海
0
300
マイル

ことになる。

ロシア人の学者としてはたいへんおもしろくない。それで「これはみんな嘘で、ルーシというのはもともとロシア人のことだ」と一所懸命強弁するが、どう読んでも『ロシア原初年代記』にはっきりと、ルーシというのはスカンディナヴィア人のことだと書いてある。つまり、スラヴ人は自分たちに自治能力がなかった、ということになるわけである。

（略）この頃ルーシ人の名前が、東ローマ帝国と結んだ条約などに出ているが、みなスカンディナヴィア語の名前である。だから、この時代のロシア人というのは、スカンディナヴィア人であってスラヴ人でなかった、ということがわかる。こういうところを見ても、ロシアというのは複雑で、最初から民族問題の種を宿していたと言える。

（前掲書「ロシア民族とは何か」遅いロシアの建国 PP．224－225）


歴史の感覚が鈍いと、「それがどうしたの？」という話に聞こえるかもしれません。しかし、「自分たちの国をつくったのは、外国人だった」というのは、なかなか受け容れがたいことなのです。

なぜなら、国境線を引いて、その内側を「自分たちの国」とする行為には、「国家・国民のアイデンティティ」がかかわってくるからです。「私たちは昔からこの土地に住んでおり、昔からこの言葉を使い、昔から同じ民族だった」という神話が欲しいものなのです。

ロシア人の心理としては、「自分たちの祖先はスラヴ人」「昔からこの土地に住み、支配していた」というフィクションが必要なのですが、「支配者だったルーシは外国人」「よそから侵入してきて、祖先のスラヴ人を支配した」というのはその願望と真っ向から矛盾します。

この、神話が欲しい、という欲求に逆らって「ロシアをつくったルーシはスラヴ人ではなくスカンディナヴィア人だ」と明記する歴史は「よりよい歴史」と言えると思います。史料を適切に扱い、首尾一貫した説明を心がけ、受け容れにくいこともちゃんと言えるのが「よい歴史」だからです。

しかし、歴史学者がそれに耐えられず、「ルーシはもともとロシア人のことだ」などと、史料を曲げて解釈する向きがあるとしたら、それは「悪い歴史」に手を貸していることになってしまいます。

③東ローマ帝国のギリシア正教を採用——その決定的な影響

ルーシの人たちは黒海からカスピ海へ広がる平原に進出し、ユダヤ教のハザル帝国を滅ぼしてこの地を支配しました。新しい勢力が勃興《ぼっこう》すると、旧勢力が近寄ってきて、関係を結ぼうとします。経済（通商）や軍事同盟のこともありますが、この時代にもっとも重要なのは宗教です。

ロシアの性格を形作る上で大きな影響を与えた一つが、ロシア正教であるということは、よく知られている。この時代、キリスト教には三つの中心があった。コンスタンティノポリスを中心とするギリシア正教、ローマを中心とするローマ教会のカトリック教、アーヘンを中心とするフランク教会で、このそれぞれが、新たに強力になってきたスラヴ人たちを引きつけようというので競争していた。結局ギリシア正教が、その競争に勝つわけである。

九八八年にイーゴルの孫、ヴラディーミルというキエフの大公が、ギリシア正教に改宗する。

(略)

『ロシア原初年代記』に長々と載っているのだが、ヴラディーミルのキエフが非常に繁栄したので、諸国からいろいろな宗教の代表者がやってきて改宗を勧めた。イスラムも来たし、ローマ教会も来たし、フランク教会も来た。そのなかで、ヴラディーミルは東ローマ帝国の国教であるギリシア正教に決めた。

(前掲書「ロシア民族とは何か」ロシア正教の浸透 PP.225-226)

ヴラディーミル大公がギリシア正教を選んだのは、東ローマ帝国の二人の兄弟皇帝に対して「妹を嫁にくれ」と頼んだところ、異教徒に妹をやるわけにはいかない、と言われたため同じギリシア正教に改宗したのだそうです。

宗教で何語を使うかというのは、非常に重大な問題で、ギリシア正教を取り入れたのであれば、ギリシア語が教会の公用語になりそうなものだが、ロシアではスラヴ語が公用語である。それはなぜかと言うと、八六三年、リューリク三兄弟が来た翌年に、コンスタンティノス（キュリロスあるいはキリル）とメトディオスという兄弟が、モラヴィア――バルカン半島の北部にあったスラヴ人最初の国――でキリスト教の布教を始めた。コンスタンティノポリスの東ローマ皇帝から派遣されて行ったのである。

この二人はたいへん才能があり、もともとスラヴ人がたくさん住んでいるマケドニアの出身で、スラヴ語が自由に話せた。モラヴィアのスラヴ人のところに行くやいなや、典礼書をスラヴ語に訳し始めた。そのときに、ギリシア文字に手を加えて、グラゴル文字という、スラヴ語を書き表わすのに都合のいい文字をつくった。それがのちに大ブルガリア帝国に伝わり、今のキリル文字（ロシア文字）になるわけである。

（前掲書「ロシア民族とは何か」ロシア正教の浸透 PP．２２６－２２７）

ルーシの族長が九世紀にキエフ大公国をつくり、十世紀には東ローマのギリシア正教を受け容れた、ということですが、これがのちのち大きな影響を残すのです。

ギリシア語は古代ギリシアからの豊かな文化を受け継ぐ言語で、キリスト教以外にも哲学・文学・科学など数多くの古典がありました。ところが、ルーシの教会はスラヴ語を公用語にしたため、ギリシア語からスラヴ語に翻訳するというたいへんな手間が生じます。その結果、ギリシア語からスラヴ語に訳されたのはキリスト教神学だけで、他の学問は訳されなかったのです。

このせいで、ルーシや東スラヴ諸族などスラヴ語圏には古典ギリシア・ローマの精神がほとんど入りませんでした。哲学も、文学も、科学も、です。なんともったいないことでしょう。今日でもスラヴ諸国と西ヨーロッパ文明とは文化的背景がつながっていません。文化の分かれ目、断絶があるということです。

④モンゴル帝国襲来――こんにちまで続く民族問題の始まり

「①ルーシ侵入以前の東スラヴ――ロシア人の土地ではなかった」ですでに触れましたが、ロシアの民族問題には大きく三つ、ドイツ人、モンゴル人、ユダヤ人の問題があります。

このうちユダヤ人はルーシ以前から東スラヴに住んでいた人たちで、外から侵入してきたり、攻撃したりはしていません。なので岡田は「これ（ドイツ人・モンゴル人）よりはマイナーなレヴェル」と言ったのでしょう。

ではロシアにとって大きなレヴェルで問題となったドイツ人とモンゴル人について解説しましょう。

ドイツ人（ゲルマン人）は六世紀から七世紀にかけては西進するスラヴ人に押されてライン河より西に押し込まれていましたが、じりじりと巻き返しを始めます。

十三世紀になると、まずバルト海沿岸に進出します。ここにはバルト人という民族がいたのですが、リヴォニア（現・ラトビア）にリガという町を築き、ローマ・カトリックの司教座を置きます。そして騎士団つまり軍隊を駐屯させ、周辺への進出を始めます。

十三世紀前半は十字軍の時代でもありました。この頃の十字軍は聖地エルサレムの奪還ではなく、イスラムの本拠地であるエジプトを攻略しようとしていましたが、なかなかうまくいきません。しかしバルト海に面した北ドイツ、リューベックの商人が、十字軍に対する援助として野戦病院をつくったりしたのが別の騎士団の基礎になるなど、十字軍と直接関係ないこの地域でドイツの勢力が増していきます。バルト人の地域を蹂躙したドイツの騎士団は、さらに東へ、スラヴへと伸びていきます。このドイツ人の拡大運動を「北の十字軍」と呼ぶ人もいます。スラヴ系とは異なる、ゲルマン人のドイツ勢力がロシアへ手を伸ばす、この構造は古くからあったことになります。これは二十世紀になっても第一次世界大戦、第二次世界大戦で繰り返されます。

そして同じ十三世紀、大陸の東側からモンゴルの軍団がやってきたのです。

そうしているうちに、東方からモンゴル人がやってくる。これまで何波も東方からやってきた遊牧民のなかでもっとも強力な遊牧民で、一二二三年にアゾフ海の沿岸のカルカ河で、第一回の会戦があった。ルーシの諸公たちが連合軍を組織し、防戦に立ち向かったのだが、ルーシには統一というものがなく、抜け駆けをして大敗し、ここで殲滅されてしまう。ロシア人聖職者の書いた年代記に、「泣く声が天地に満ちた」と記されるほどの壊滅的な打撃を被った。

モンゴルのロシア侵入は、チンギス・ハーンの長男ジョチの支配下の連中が中核になっていたわけだが、ジョチはチンギス・ハーンの死の直前に死んでしまい、その次男のバトゥが父の跡を継ぐ。そして一二三六年、チンギス・ハーンの跡を継いだオゴデイ・ハーンが組織した戦争、第二次ロシア侵入が、今度はバトゥを中心にして行なわれた。この戦争でキエフが落城し、徹底的に破壊される。これでウクライナにおけるルーシの諸公の勢力が地をはらって絶滅する。ルーシは、たくさんの都市をつくってそれぞれ割拠していただけで、統一は全然なかった。

この時代からのち、モンゴル支配下のスラヴ人の文明は、急激に低下した。今でもロシア人のいろいろな欠点をあげつらうときに、タタールの軛《くびき》のせいだとよく言われるが、それはこの時代にモンゴルの侵入で被った壊滅的な打撃が、いまだに尾を引いているという意味で言われるわけである。モンゴル軍はそのまま西進してポーランドからハンガリーを蹂躙し、その先遣隊はユーゴスラヴィア、アドリア海の沿岸、ヴェネツィアの対岸にまで至ったが、オゴデイ・ハーンが死んで引き揚げた。

（前掲書「ロシア民族とは何か」ドイツ人、モンゴル人、ユダヤ人が民族問題の三本柱 PP．229－230）

モンゴルの西方遠征軍は引き揚げましたが、バトゥの勢力はヴォルガ河畔に残って大帳殿を建て、南ロシアの草原一帯を支配する宮廷を設けます。前述の「黄金のオルド（ゾロタヤ・オルダ）」です。

バトゥはルーシ諸公の都市を直接支配せず、徴税官を派遣して税を取り立てました。ルーシ諸公たちはモンゴル人の宮廷に納税（貢納・朝貢）することで宗主国―属国関係となりました。

⑤モンゴル支配下で、モスクワのツァーリが抜きん出る

モンゴルの徴税官として成功し、大きくなったのはモスクワでした。もとは小さな砦でしかなかったのですが、モンゴルの徴税請負人としてルーシ諸公から税を取り立てるうち、力を持つようになったのです。

モンゴルは侵攻の際は虐殺をしましたが、その支配はけっして苛烈なものではなく、宗教的には寛容で、人口も増えました。モンゴルによる支配は二百年以上続き、一五〇五年に黄金のオルドが仲間割れによって滅亡することでひと区切りとなります。

その当時モスクワにいたのが、イヴァン三世というモスクワ大公である。その頃から大公国になる。そしてイヴァン三世の孫、イヴァン四世が、一五四七年にツァーリを称することになる。ツァーリというのはラテン語のカエサル、皇帝ということである。この時代のツァーリは、東ローマ帝国の皇帝と対等だという意味ではない。モンゴルのハーンもロシア語でツァーリと言っていて、たくさんのツァーリがいた。黄金のオルダにも、クリミアにも、カザンにも、アストラハンにもツァーリがいた。そのなかの一人として名乗りを上げたわけである。（略）

ところが、モスクワの強敵であったのが、モンゴル人のクリミア・ハン国で、クリミア半島からウクライナの南部を支配していた。これがモスクワを攻略して、貢税を課した。一五七一

ブルハン山
オゴデイ家
カラコルム
元
上都
大都
開京
高麗
エミル
ベシュバリク
アルマリク
沙州
甘州
家
臨洮
杭州
チベット
泉州
ラサ
広州
大理
デリー
スルタン領
パガン朝
安南
(ヴェトナム)

■地図❷ モンゴル帝国の発展と分裂（著者作成）

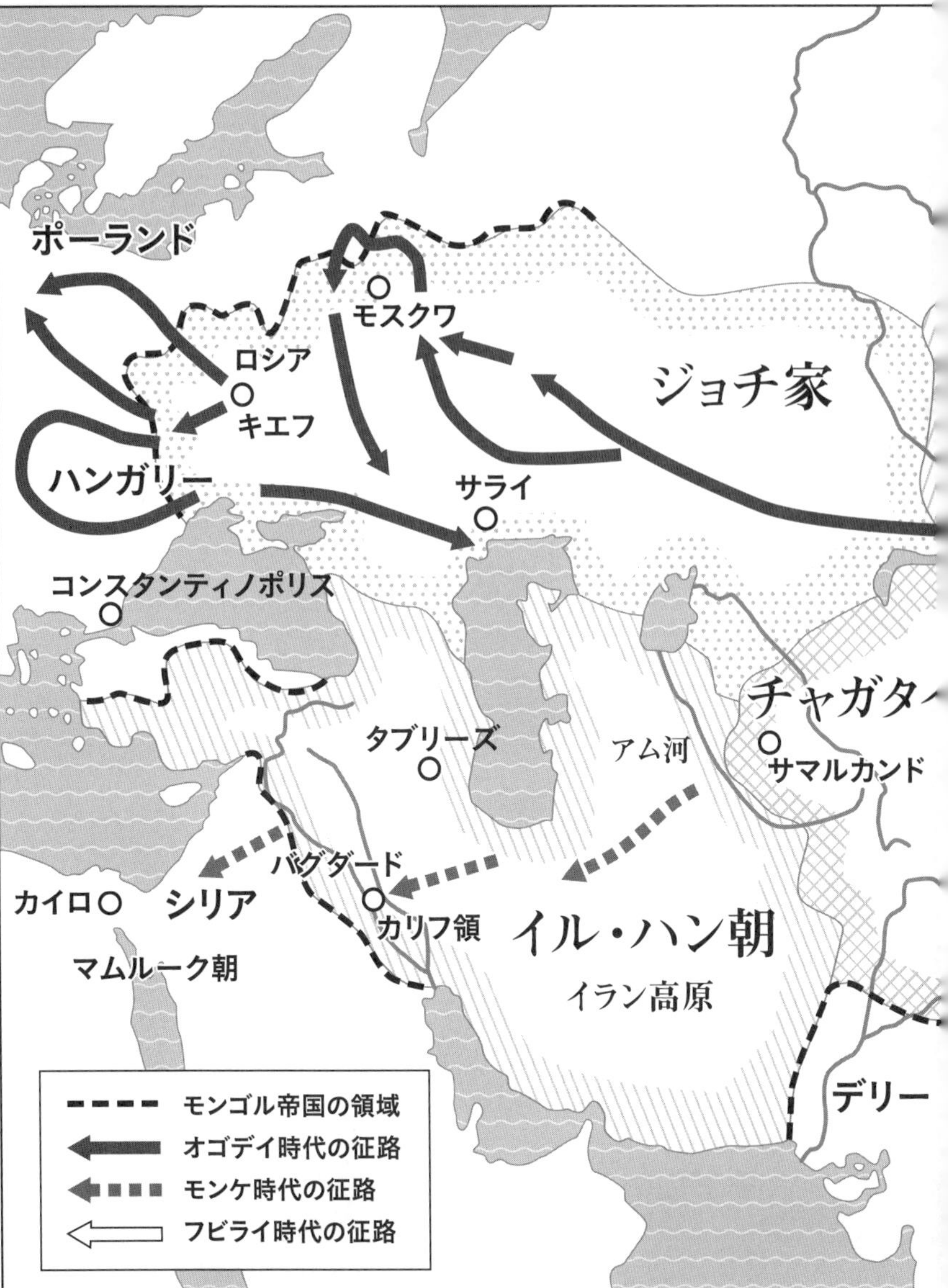

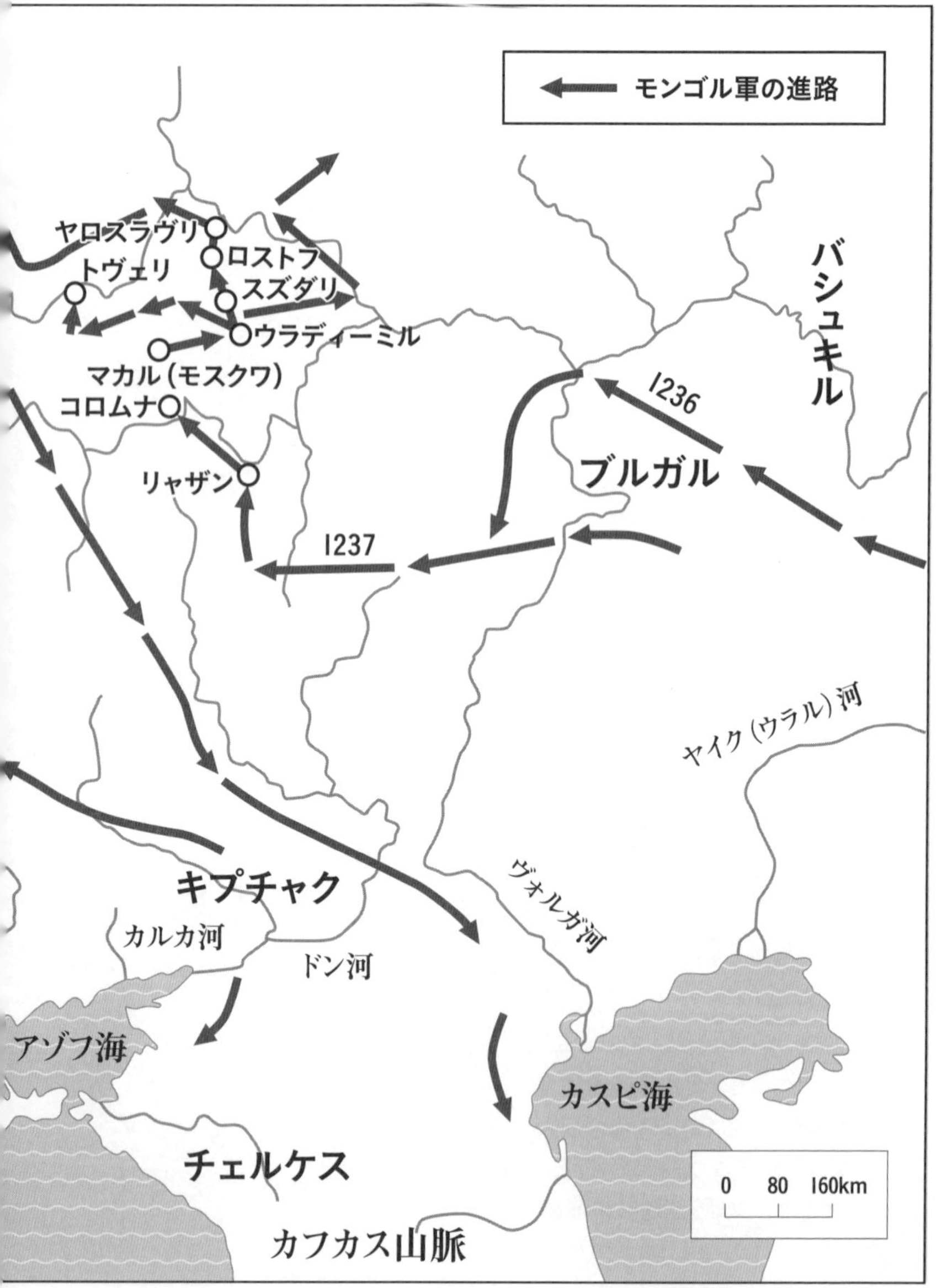
モンゴル軍の進路
ヤロスラヴリ
ロストフ
トヴェリ
スズダリ
ウラディーミル
マカル（モスクワ）
コロムナ
リャザン
1236
1237
バシュキル
ブルガル
ヤイク（ウラル）河
キプチャク
カルカ河
ドン河
ヴォルガ河
アゾフ海
カスピ海
チェルケス
カフカス山脈
0 80 160km

■地図❸ モンゴル軍のヨーロッパ遠征（著者作成）

年のことである。それでイヴァン四世は一計を案じ、一五七五年に、シメオン・ベクブラトヴィチというチンギス・ハーンの血を引くモンゴル人を呼んできて、モスクワの玉座に座らせた。そして、全ロシアのツァーリという称号を与え、みずからは臣下の位に下って忠誠を誓った。

翌年になって、あらためてシメオン・ベクブラトヴィチからツァーリの位を譲り受け、位に復した。シメオン・ベクブラトヴィチは、その後トヴェリの大公になる。じつに奇妙な事件で、ロシア人は説明に苦しんでいるが、要するにツァーリと称するのは、ハーンと称するということで、ハーンの位は本来チンギス・ハーンの血を受けた者しかなれない。だから、ロシアのツァーリとして認められるためには、チンギス・ハーンの子孫からツァーリの位を譲り受ける形をとる必要があったのである。当時のモスクワは、モンゴル帝国の枠のなかで成長してきたことがわかる。

（前掲書「ロシア民族とは何か」モスクワ大公国の興隆と東方、南方膨脹 PP．230－232）

この、イヴァン四世（雷帝）の突然の退位と復位は、ロシア史では「事件」とされ、彼の奇矯な振る舞いの一つ、とされています。ロシア史家も説明に困っているようです。

しかし、「ツァーリ」が大勢いるなかで、どうしたらそれらより高い権威を手にできるか、を考えたら、イヴァン四世のやり方は高等なテクニックと言えるかもしれません。

大勢いるツァーリの一人であるモスクワのイヴァン四世が、チンギス・ハーンの子孫ですが実力のないモンゴル人ツァーリを傀儡的に擁立する。そして「チンギス・ハーンの子孫がもっとも正統なツァーリ」という権威を確立してから、ツァーリ位を自分へと譲位させる。「われこそはハーンの正統な後継者、真のツァーリなり」ということでしょうか。

現在の私たちはおぼろげに「ロシアはヨーロッパ文明の一部だった」と考えていますが、それとはまったく違うことがわかります。ヨーロッパ的な権威が必要でしたら、ギリシア正教なりローマ・カトリックなりキリスト教の権威を用いたはずです。

ロシアの皇帝（ツァーリ）は、権威を手にするために、草原の遊牧帝国の秩序を必要とした、ということです。

あらためて「ツァーリ」という称号のなかには「ハーン」の権威が内蔵されている、と憶えておきましょう。

⑥モンゴル帝国の支配から脱し、東スラヴ人＝ロシア人概念が確立

イヴァン四世の時代、一五八一年にコサックのイェルマクが東方のシビル・ハン国の征服に成功します。このシビルがシベリアの語源です。

イェルマク自身は草原に逃げたシビルのクチュム・ハーンの反撃を受けて、一五八四年にイルティシュ河畔で戦死しますが、彼の配下のコサックたちがすさまじい速さでシベリアの森林地帯を征服して進み、一六三八、九年にははやオホーツク海に達しました。一六四九年にオ

ホーツクの町が建設されます。

コサックはもともと草原の遊牧民を出自とする軍団ですが、モスクワなどスラヴの北側は森林地帯です。森林の民だったスラヴ人とコサックの機動力が合わさってシベリアの森と河を進んだと言えるでしょうか。

シベリアの森林ではテンやミンクの毛皮など特産品がとれ、どこでも開拓し放題でしたが、あまりにも速く征服が進んだので、膨大《ぼうだい》な森林地帯が人口稀薄なままモスクワ大公国の勢力下に入りました。結局、シベリアの人口はそれほど増えず、ソ連時代に総人口三億人を数えても、シベリアは広大な過疎地のままでした。人口分布が極端に偏った大国、という構造はいまのロシア連邦でも変わらず、少子化・人口減の圧力はウクライナ侵攻の原因になったとも言われます。

イヴァン四世のモスクワ大公国は息子フョードルの代で絶えます。スカンディナヴィア系のルーシの王朝が終わったということです。

次のツァーリに選ばれたのは生前のフョードル帝を操った実力者で、モンゴル人と称したボリス・ゴドゥノフです。実際にはモンゴル人（ロシア語ではタタール人）ではなかったという説もありますが、モンゴルの血を引いていなければツァーリと称することはできない、という不文律があった時代の最後の皇帝です。ムソルグスキーのオペラ『ボリス・ゴドゥノフ』で主役を歌うのは、アジア系の顔をしたオペラ歌手（バリトン）と決まっています。

ボリス帝即位あたりから、十六世紀末から十七世紀初頭にかけてをロシア史では「動乱」

「騒乱」の大混乱時代と言います。飢饉、混乱、ポーランドの侵略など困難の時代でしたが、対ポーランド闘争がロシア国民のあいだで盛り上がり、国民軍がポーランド軍を打ち破ってモスクワを解放すると、一六一三年に新たなツァーリ、ミハイル・ロマノフが全国会議で選出され、ロマノフ朝が始まります。名実ともにロシア人＝東スラヴ人が統治者となって動乱がやみました。

一六八九年には、アムール河の流域の帰属をめぐって、清《しん》の康熙《こうき》帝とピョートル一世とのあいだで、ネルチンスク条約が結ばれる。これは、シナの王朝が外国の君主とのあいだに結んだ最初の国際条約で、画期的な意味がある。

清帝国は、もともとモンゴル帝国の継承国家である。清の二代目のハーン、実際には最初の皇帝である太宗皇帝（ホンタイジ）が、一六三六年に瀋陽で即位式を挙げたとき、即位を薦める代表団というのが三つあった。一つは満洲人の代表団、一つは漢人の代表団、もう一つはモンゴル人の代表団だった。モンゴル人の代表は、チンギス・ハーンの直系の子孫であるエジェイというモンゴル人の酋長、チャハル部族の王だった。そういうわけで、形式的だがモンゴル帝国の支配権を継承している。

一方のイヴァン四世は、シメオン・ベクブラトヴィチを通して、モンゴル帝国の支配権を継承している。清帝国とロシア帝国という二つのモンゴル帝国の継承国家が、互いに向かって、東から西へ、西から東へと進んでいって、とうとうシベリアと中央アジアでぶつかった、ということになる。

（前掲書「ロシア民族とは何か」モスクワ大公国の興隆と東方、南方膨脹PP．234－235）

シベリアを東に進んだロシア勢は、ついにシナ勢とぶつかります。当時のシナは女真《じょしん》人改め満洲人の清帝国。もちろんモンゴル帝国の継承国家です。

モスクワ大公国改めロシア帝国も、イヴァン四世がチンギス・ハーンの子孫から巧妙に手に入れた正統を有していましたから、モンゴル帝国の継承国家です。

二つのモンゴル帝国継承国家が、ユーラシアの領土をめぐって条約を交わしました。もはやロシア帝国はモンゴル人のオルドに貢納する属国ではない、という意識になっていたでしょう。しかしロシア帝国内にはずっとそこで暮らしてきたモンゴル人たちが相当な数おり、彼らはタタール人と呼ばれて、多民族国家のなかでは数の多い少数民族となりました。

ロシア勢はベーリング海峡を渡ってアラスカへ、さらに現在のカリフォルニアにまで到達しましたが、一八六七年にアラスカをアメリカ合衆国に売却したのち、北米大陸からは撤退しました。現在はアラスカ半島がアメリカ、カムチャツカ半島がロシア、あいだのアリューシャン列島はほとんどがアメリカ領で、西端のわずかな島がロシア領になっています。

⑦西方を侵略し、地中海文明を導入しようとしたが失敗

そして、ロシア帝国はシベリアを東進したのと同様に、ヨーロッパを西へと進む動きもありました。

当時ロシアの隣にはリトアニアとポーランドがあり、大きな脅威でした。現在のリトアニアは小国と思われていますが、十三世紀頃はロシアよりも大国だったのです。

ポーランドも同じく大国で、現在のウクライナに当たる平原にはポーランド軍が再三侵入して国土を脅《おびや》かしていました。

（略）一三八六年には、リトアニア大公のヤガイラがポーランドの女王と結婚し、リトアニア大公がポーランド王を兼ねるという体制ができる。ポーランド王はスラヴ系だが、リトアニアはバルト系である。ここでリトアニアは、ポーランドに倣ってローマ・カトリックに改宗する。驚くべきことに、十四世紀までリトアニア人はキリスト教を受け容れていないのである。古来の原始的な宗教を信じ、神々を祀っていた。インド＝ヨーロッパ語族の古来からの神々を祀るヨーロッパで最後の異教の大国だったのである。

リトアニアは非常に大きな国になり、一時はバルト海の沿岸からベロルシア（現・ベラルーシ）を席捲し、黒海の北岸にまで勢力を伸ばした。そしてリトアニア大公ヴィタウタスは、黄金のオルダのモンゴル人と手を組んで、一時はロシアのスラヴ族の統一に成功するかに見えた時期もあった。ロシア人のほうは、イヴァン三世の頃から初めて都市が統合され、ロシアという国家がこの頃からでき始めるわけで、リトアニアのほうが一歩先んじていたわけである。

しかし、リトアニアとポーランドが統合された結果、イェカテリーナ二世が仕掛けた三次にわたるポーランド分割（一七七二年から一七九五年にかけ、ロシアがプロイセン、オーストリアと共謀して、ポーランドを分割してしまう）に伴って、リトアニアおよび他のバルト諸国も、ロシアに併合されてしまう。それから長い年月が経ち、一九一七年のロシア革命、いわゆる第二次革命ということになった。

（前掲書「ロシア民族とは何か」ロシア帝国の西方侵略 PP．235－236）

リトアニアはキリスト教に改宗する際、ギリシア正教ではなく、ポーランドと同じローマ・カトリックを選びます。カトリック側に与《くみ》したということです。

ローマ・カトリックを選んだ国ぐには典礼をラテン語でとりおこないますから、ラテン語で書かれた哲学や文学もいっぺんに受容できます。

いっぽうロシアは前述したように、ギリシア正教からキリスト教の教学だけをスラヴ語に訳して導入しました。そのため哲学や文学、科学は入りませんでした。

ロシアの教会はスラヴ語ですので、ギリシア語のギリシア正教から離れてロシア正教会となりました。とはいえ、ロシアにもカトリックやプロテスタントがまったく入らなかったわけではなく、さまざまな宗派が布教に来ましたし、キエフにはラテン語の神学校が設立されたりしたのです。

しかし、ツァーリやロシア正教会の首脳は、西欧化を最終的に受け容れませんでした。むしろ教会儀礼をカトリックと異なるように改めたり、農奴制や土着の終末思想を取り入れたりして差別化していったのです。

さて、リトアニアですが、ポーランド王室と婚姻を結んで地域大国になるのですが、ロシアも黙ってはいませんでした。十八世紀にイェカテリナ二世がプロイセン、オーストリア（どちらもドイツ人の建てた国家）と共謀してポーランド分割を仕掛け、小国化し、ついにロシアに併合しました。イェカテリナ二世はポーランドやウクライナにも領土を広げ、大帝と称揚《しょうよう》されました。

バルト三国は前述したようにドイツ騎士団が拠点を置き、ドイツと縁が深いため、ロシアとドイツとの紛争が続きます。ポーランドとも領土紛争は続き、ロシア革命で成立したばかりのソ連はロシア帝国時代から大きく領土を減らしていました。

しかし戦間期の紛争や第二次世界大戦を経て、スターリンはバルト三国の併合はおろか、ポーランドとの国境も大きく西へ動かすことに成功しました。敗戦国のドイツを圧迫して、ポーランドの西の国境までドイツ側へ押し込んでしまったのです。

ロシア帝国やソ連時代には、国内のドイツ系住民も迫害や粛清《しゅくせい》の対象になりました。第二次世界大戦直前、スターリンによる赤軍内のドイツ系将校の「大粛清」が有名です。

ドイツ語を話す住民は、スラヴ系ロシア人社会にとって、西ヨーロッパに向かって開かれた窓のような存在で、新しい知識や技術・思想をもたらしてくれました。が、対独関係が悪化するとまっ先に裏切りを疑われ、犠牲にされたのでした。

⑧ロシア革命、⑨ソ連崩壊、歴史もマルクス主義も否定されて現在へ

ソ連時代の共和国構成を見ると、ソ連（および、その大部分を継承したこんにちのロシア連邦）が、古い時代の枠組みや昔の民族分布をよく保存していることに気づきます。

ロシア連邦内の十六の自治共和国について見てゆくと、言葉は、ウラル山脈のなかのバシュキルはトルコ系、バイカル湖の周辺のブリヤートはモンゴル系である。むかしロシア帝国が東方に進出してきたときに、そのなかに取り込まれてしまったモンゴル人を、ブリヤートと呼んでいるわけだ。ヴォルガ河下流のカルムィクは、今でもモンゴル系の言葉を話している民族で、十七世紀に東のほう、バルハシ湖のあたりにいた遊牧民が西方に移動してきて、ヴォルガ河の下流域に定着したのである。（略）

ダゲスタンとかカバルディノ・バルカル、北オセト、チェチェノ・イングシュは、コーカサスのあたりになる。コーカサスは非常に人種の複雑なところで、聞くところによると、峠を一つ越えると違う言葉がある、というぐらい、複雑な民族構成になっている地方なのである。

タタールというのは、ロシア語でモンゴル人のことである。トルコ語を話し、イスラム教徒になったモンゴル人のことで、カザフなどとは別に、シベリアやウクライナあたりに住んでいる連中をタタールと言うわけである。トゥヴァは、モンゴル国とシベリアとのあいだにあって、

トルコ系の民族だが、モンゴル人に長いあいだ支配されて非常にモンゴル化している。それをスターリンがモンゴルから取り上げ、ソ連に編入したのである。ほかのトルコ語を話すモンゴル系の民族は、みなイスラム教徒だが、ここだけは仏教徒である。チュヴァシュは北極圏だが、非常に原始的なトルコ語を話す民族である。ヤクートも、トルコ系の遊牧民で北極圏に住んでいる。

自治共和国よりもさらに小規模なもので、自治州というのがあった。そのなかで異彩を放っていたのが、極東のハバロフスクの周辺にあったヘブル自治州である。ヘブルはヘブライで、ユダヤ人の自治州だった。私は行ったことはないが、シベリア鉄道でハバロフスクの駅に着くと、ユダヤ文字で駅名が書いてあったということを聞いた。

（前掲書「ロシア民族とは何か」複雑な連邦構成 PP．208－209）

ソ連は十五の共和国、二十の自治共和国、八つの自治州、十の民族区、合わせて五十三の単位からなる連邦でした。どの地域も言葉が違い、民族の背景が違い、文化も異なっていましたが、どの共和国も「ソビエト連邦国歌」と似たり寄ったりの国歌を歌わされ、鎌と槌《つち》のついた共和国旗を掲げ、個性や特色を押し殺して、ソビエト連邦としての統合を強調することが最優先されました。

これはつまり、各地域・民族の歴史を否定し、マルクス主義というイデオロギーだけで人びとを統合しようとした、かなり無茶なことでした。

❶ コミ・ペルミャク自治管区
❷ ウドムルト自治共和国
❸ モルドヴィン自治共和国
❹ チュヴァシ自治共和国
❺ マリ自治共和国
❻ タタール自治共和国
❼ バシキール自治共和国
❽ アディゲ自治州
❾ アジャール自治共和国
❿ カラチャイ・チェルケス共和国
⓫ カバルダ・バルカル共和国
⓬ 北オセチア共和国
⓭ チェチェン・イングーシ自治共和国
⓮ ナヒチェヴァン自治共和国
⓯ ナゴルノ・カラバフ自治州
⓰ ダゲスタン自治共和国
⓱ カルムィク自治共和国
チュコート自治管区
コリヤーク自治管区
ベーリング海
タイミル
ルガン・ネネツ)
自治管区
ヤクート自治共和国
カムチャッカ半島
レナ河
オホーツク海
サハリン
エヴェンキ自治管区
イェニセイ河
ユダヤ自治州
ウスチオルダ・ブリヤートモンゴル自治管区
ブリヤート自治共和国
アムール河
ハカス自治州
バイカル湖
トゥヴァ自治共和国
日本海
ゴルノ・アルタイ自治州
アガ・ブリヤートモンゴル自治管区
朝鮮民主主義人民共和国
日本
モンゴル人民共和国
大韓民国
中華人民共和国

■地図❹ ソ連地図（著者作成 出典『ロシアの二〇世紀』）

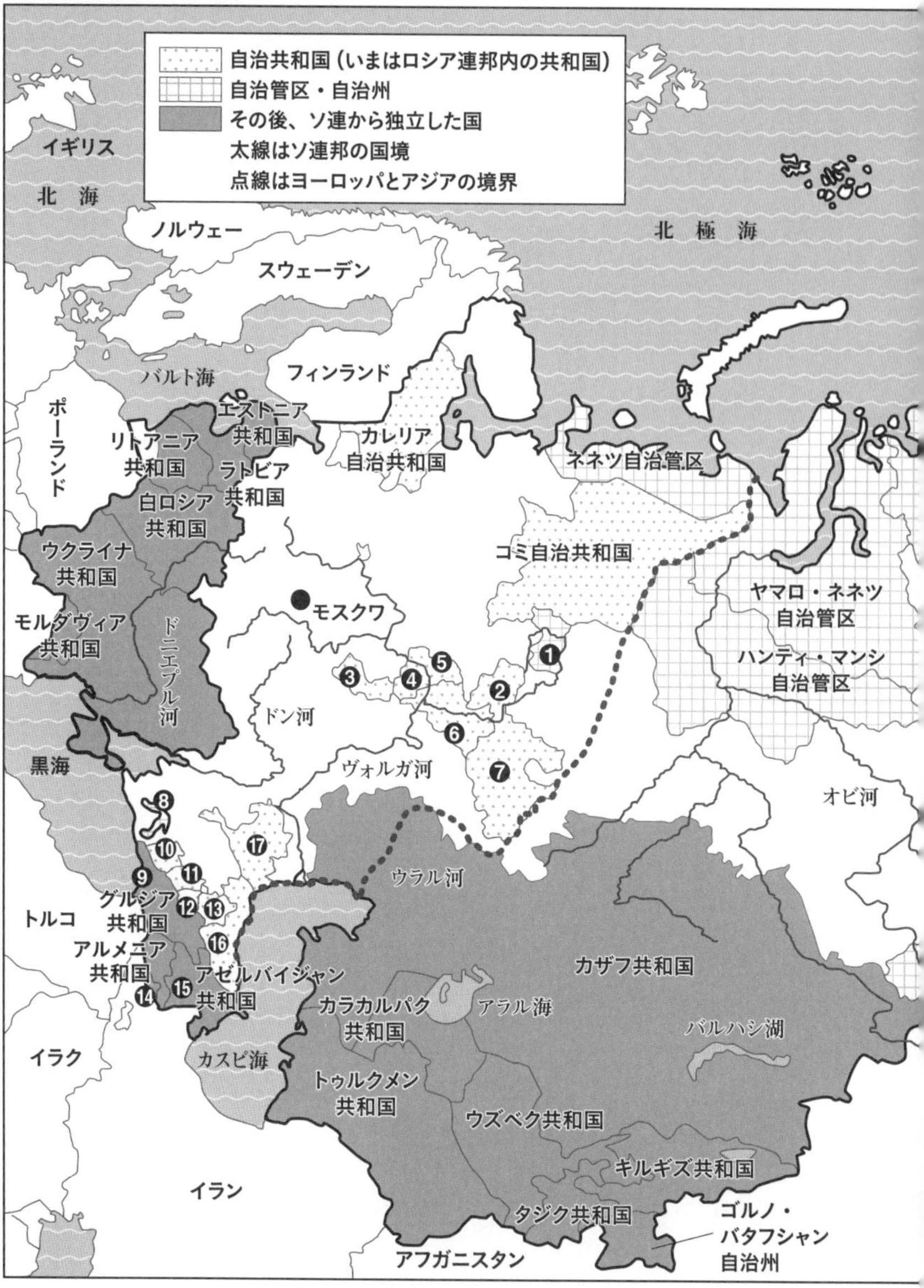

なぜソ連邦が成立してから七十年近く経って民族問題が噴出したか、と言うと、端的には、一九九〇年二月十五日に、ゴルバチョフが書記長から大統領になったことでわかるように、ソ連共産党が指導力を失い、マルクシズムが国家の統合原理としての力をなくした、ということである。それで、ゴルバチョフは共産党を見捨てて、人民代議員大会によって選出された大統領になったわけである。人民代議員は、共産党によって選出されたのではなく、それぞれの地方で投票によって選ばれてきているわけだから、一般民衆の代表である。

二月十五日におこなわれた最初の大統領選挙は、ペレストロイカを急ぐ必要があるというので、人民代議員大会の投票で選出されたわけだが、六年の任期後に行なわれる選挙は、国民の一般の直接選挙によって選出されることになっていた。ますますマルクス主義とも共産党とも縁のない制度なのである。それに示されるとおり、共産主義、社会主義、マルクス主義、共産党の支配というものがだめになってしまった。

だめになった理由は、突然始まったわけではない。ブレジネフ時代に、すでにソ連の経済は決定的に破綻をきたしていた。もうにっちもさっちも行かない状態だった。ブレジネフという人は勇気のない人だったそうで、決断力が全然ない。ゴルバチョフとは正反対で、だめになっていることを知りながら放任してきた。ブレジネフが死んでアンドロポフが書記長になった段階で、これではどうしようもないというので、じつはペレストロイカは実際に始まっていた。つまり、経済的な行き詰まりがソ連共産党を破綻させたわけである。

もともとペレストロイカというのは、経済を立て直すということであって、政治の改革は最初のプログラムに入っていなかった。それが、経済を立て直すためには、政治の改革から手を着けなくてはいけない、ということになって、だんだんに広がっていったのである。

そのようにして経済の破綻から、共産党の支配が揺らいでくる。そうすると、ソ連という連邦を結び付けていた絆《きずな》も弱まってくる。建前としては、ソ連共産党というのは全連邦共産党で、それとは別に各共和国には独自の共産党があり、それぞれの民族による自治が行なわれている、ということに一応なっていた。ただし、おもしろいことに、ロシア連邦共和国にだけは、共産党はない。全連邦共産党がロシア共産党を兼ねる形になっていた。このあたりに本音が出ていると思うのである。

（前掲書「ロシア民族とは何か」民族問題噴出の背景PP．211－213）

「ロシア連邦共和国にだけは、共産党はない」というのは、ロシアがそのままソ連であるから、ソ連とロシアを区別する必要がなかったということです。用意周到にやったつもりでも、驕《おご》りや慢心がわれしらず覗いてしまうのと似ています。こうしたある種の傍若無人《ぼうじゃくぶじん》さが、ソ連やロシアにはあった、いやいまもある、と思えます。

また、緻密《ちみつ》に考え抜かれ、当時虐《しいた》げられていた労働者階級を幸福にするはずのマルクシズムが、民衆の命を脅かすようになった、致命的な矛盾も岡田は分析しています。

（略）マルクシズムでは階級闘争が至上命令だが、貴族や資本家は打倒されていなくなってしまった。そこで、社会のある層の人たちを任意に選び出して、これを〝階級の敵〟というふうに規定し、この連中を闘争の名のもとに打倒する、絶滅させるということを、絶えず繰り返してきているのだ。これはまったく勝手に決めるわけで、粛清を階級闘争と規定し、それを正当化することで、一般の民衆を恐怖に陥れてきたわけである。（略）

これまで労働者、農民は、階級的連帯ということで横に結び付いていた。それぞれの民族のなかの共産党幹部のあいだの利害は一致する、という建前で横に結び付いていた十五の共和国の絆が、切れてしまった。つまり、共産党幹部の特権がどんどん削られ、選挙で共産党員だけが当選できるシステムもなくなって、階級闘争の理論も放棄されてしまった。そういう形で、これまで民族ごとに設定された共和国、自治共和国、自治州、民族区を横に結び付けていた絆がなくなってしまったわけである。

そうなると、非常に古くからある民族間の利害の対立、あるいはたんに好かん奴だという感情――こうしたものは歴史的な謂《い》われ因縁《いんねん》、故事来歴《こじらいれき》があってあるわけだ――が表に出てくる。民族というもの自体が歴史的な存在で、歴史を背負ってできている。歴史のないところに突然、民族というものが出てくるわけではない。

つまりわれわれは、先祖伝来、婚姻関係や利害関係やらで結び付いている。川の向こう、山の向こうの奴らには、先祖代々恨みつらみがあって……ということで、民族というものができるわけである。それまで七十年間、ソ連のなかで抑えつけられていた民族感情、ナショナリズムが、いっぺんに噴き出してくるのは当然である。これが、ペレストロイカ下のソ連で民族問題が爆発した背景なのである。

（前掲書「ロシア民族とは何か」民族問題噴出の背景 PP．211－215）

マルキシズムのイデオロギーが価値を失うとともに、古い民族の歴史――というよりもっと生々しい、恨みつらみの記憶――が鎌首をもたげてきた。彼らは不正義だ、われわれから盗んでいる、あばかなければいけない。そうした被害者的な正義の感情が湧き起こります。

こうした負の感情をなんとか抑えつけるには、経済が順調で、社会の構造がしっかりしていることが必要です。

ソ連崩壊直後の一九九〇年代と、現在の二〇二〇年代は、どちらも経済が不調で社会が軋《きし》んでいる時代だった、それが今回の理不尽で不合理なウクライナ侵略の動機にもなった、と言えるかもしれません。

第三章

国境を越える相互作用

★ヨーロッパ文化の粋「フレンチのフルコース」が、じつはロシア生まれ

「岡田史学」に「ロシア史」とハードめの話が続いたので、少しペースを変えましょうか。

この章では、私たちの暮らしのなかに見える歴史の痕跡、といった話をしてみましょう。

たとえば、「世界三大料理」と言いますが、昔は「フランス料理、中華料理、日本料理」などと言っていました。が、日本料理が入るのは日本人が言っている場合だけでしょう（「世界三大○○」が大好きなのは日本人だけ、という話も？）。たいてい三番目には発話者の郷土料理が入るのではないか、たとえばインド人が言えば「フランス、中華、インド」になるだろうし、イタリア人が言えば「フランス、中華、イタリア」になるのだろう、そのため三番目は空席なのだろう……と思っていました。

ところが最近は「世界三大料理とは、フランス料理、中華料理、トルコ料理」と決まっているらしいですね。三番目はご当地料理、という忖度？がなくなった、とくにネットの事典やレシピサイトでは、「トルコ料理」とはっきり書かれています。

平成の初め頃は、東京でもトルコ料理のお店はそれほどありませんでした。いまではトルコ人の店主が本場のケバブや魚介料理、ドンドゥルマ（伸びるアイスクリーム）を振る舞ってくれる店がたくさんあります。また、トルコ航空は機内食が美味しいというので日本人旅行者にも人気です。

トルコもイスラム教の国ですが、世俗主義なので、外国人がお酒を飲むのに差し障りはあり

ません。パキスタン航空やエジプト航空ではアルコールは出ませんが、トルコ航空はビールはもちろん、ワインも美味しい……美味しいものが味わえたら、その国に対する印象がぐっとよくなりますね。トルコ料理の人気が高くなってきたのは、トルコという国にとっても得だと思います。

もともとトルコは中東の大国でした。そもそも中東地域には国家としてのかたちがきちんとある国はイラン、トルコ、エジプトくらいしかない、その他は二度の世界大戦で宗主国が弱体化し、雨後の竹の子のように生まれた国ばかりだ、とも言われました。

大国であるトルコですら印象が薄く、世界史の教科書にもオスマン帝国のことはあまりはっきりとは書かれていません。帝国衰退後、トルコ共和国になりましたが、それでも堂々たる地域大国でしたのに、なんとなく無視され、不当に軽んじられてきた恨みがありました。

サン・テグジュペリ『星の王子さま』にも〝トルコの天文学者が新しい星を見つけたのに、着ている服がヨーロッパ式でなかったので誰も信じなかった〟という寓話があります。トルコに限らず、なじみの薄い国、簡単に理解できない文化は、無視されがちなのです。

それが、たとえ料理や観光がきっかけでも、人びとの心に残り、認識されるということは素晴らしいことです。

思えば「岡田史学」も、〝モンゴルが世界史の鍵〟だと発見し、それまで目立たなかった存在をみなに認識してもらおうとする、地道な活動だったと言えましょう。誰も気づかなかったけれど、世界史で重要な国、事件、動きがある——ここにスポットライトを当てることは、未知の料理を〝発見〟し、味わうことにも似ているかもしれません。

ところで「三大料理」では不動の位置を占めるフランス料理ですが、これとてずっと昔から名声を博していたわけではありません。

たとえば、フランス料理に欠かせないスタイルとして「コース料理」がありますね。正餐《せいさん》では前菜に始まり、以下スープが出て、メイン料理として魚と肉、最後にデザートやコーヒーが待っている、というパターンです。

ところがこれは、フランスで始まった習慣ではないのです。たとえばフランス王国全盛期、「太陽王」と呼ばれたルイ十四世（一六三八－一七一五）の晩餐では、最初からすべての料理がテーブルに並べられた、と記録されています。

では、いまの形のように小出しにするようになったのはなぜか。

その経緯は、フランス料理が遠くロシアに伝播《でんぱ》したことから始まります。

一七二一年、ルイ十四世が死去した数年後にロシア帝国は成立した、とされています。ピョートル一世（大帝）が初代ロシア皇帝（ツァーリ）に即位し、国号をロシア帝国と定めたのです。

当時のロシアはあらゆる面でヨーロッパより遅れていました。ロシア帝国を大国にし、威信を高めたいピョートル一世は、徹底的な西欧化を推し進めます。みずからヨーロッパ各国を視察し、技術や知識を学び、さらに大勢の技術者を招聘《しょうへい》し、官営工場をつくって産業を振興しました。この動き、日本が明治維新を迎えたあとの殖産興業とそっくりです。

文化・風俗も西欧化させようとしました。貴族には髭を切らせ、民衆の髭にも課税しました（実質的に髭を切れという強制です）。宮廷人や役人には西欧式の正装を義務づけ、暦も西暦つまりキリスト紀元に切り替えます。ただしこのとき採用した暦は、ギリシア正教にならってユリウス暦で、十九世紀末には、いわゆる西暦のグレゴリオ暦との日付の相違は十三日にも達していました。ロシア革命後の一九一八年にグレゴリオ暦を採用します。

バルト海に面したペテルスブルク（現・サンクトペテルブルク）に新都を建設し、首都を内陸のモスクワから移しました。ヨーロッパに首都を近づけたかったからです。

ピョートル一世がとくに信奉したのはドイツです。彼の息子である皇太子アレクセイの妃《きさき》にはドイツから高位貴族の娘を娶《めと》らせました（のちに廃嫡《はいちゃく》され非業の死を遂げるのですが）。

しかし十八世紀後半、第八代皇帝イェカテリナ二世（ピョートル一世の孫である第七代皇帝ピョートル三世の后《きさき》だった）の時代になると、ドイツよりフランスへの関心が高まってきます。イェカテリナ二世本人は北ドイツ・神聖ローマ帝国領で生まれた生粋《きっすい》のドイツ人なのに、です。

というのも、当時のヨーロッパで流行の最先端を走っていたのはなんといってもフランスだったからです。フランスに比べると、ドイツはやや野暮ったいのです。

もともとヨーロッパでオシャレのさきがけだったのは、十四世紀にルネサンスが勃興《ぼっこう》したイタリアでした。たとえば料理にしても、フランスよりイタリア料理のほうが先に洗練されたのです。しかし十六世紀に大貴族ボルジア家の英雄チェーザレ・ボルジアの娘ルイーザ（仏語ではルイーズ）がフランス貴族に嫁いだことで、イタリア文化がフランスにもたらされます。そしてフランスで磨かれた料理がヨーロッパを席捲《せっけん》したのです。

西欧化をめざすロシアが、フランスに憧れるのは当然でしょう。ロシア宮廷でもフランス語を話せることが上流階級の条件と言われました。それといっしょに、フランス料理もロシアの社交界に入ってきたのです。

ただしペテルブルクもモスクワも、ヴェルサイユやパリと比べれば圧倒的に寒いです。フランスのように最初からすべての料理を並べてしまうと、メイン料理を食べる頃には冷めてしまいます。温かい食べ頃で供するよう、一皿ずつ出していくスタイルが生まれました。これがフランスに逆輸入され、フレンチのフルコースとして定着して今日に至っているわけです。

★シナ・台湾のラーメンがどうも日本と違う、と感じてしまう理由

フランス料理のフルコースに限らず、世界の料理はそれぞれに影響や刺激を受けたり与えたりしながら変化してきました。各国の些細《ささい》な違いに歴史が影を落としていることもあります。卑近《ひきん》な話をすると、現在の日本でラーメンやカレーライスを、中華料理やインド料理に分類する人はいないでしょう。発祥はたしかにシナやインドでしょうが、いまや完全に日本料理の一つです。

実際、中国大陸や台湾に行くと、私たち日本人大衆になじみのあるラーメンにはまず出会えません。最近は、都市部に「日式」として日本のチェーン店の正式な支店も増えてきましたが、

あれはイベント的なエンタメ消費でしょうね。

中国や台湾の大衆料理にももちろん麵があります。重要なジャンルです。麵は小麦粉を食べるのに発酵の手間が要らず、バリエーション豊かで、腹持ちもよいです。また、麵は延ばしてつくることから、寿命を延ばすという一種の縁起物ともされています。コース料理にも必ず入っています。

しかし、ちょっと日本のラーメンとは違うのです。汁に浸かった麵ももちろんありますが、メニューの半分くらいが汁なし麵（炸醬麵《ジャジャ》や乾麵）だったりすることも。

なにより違うのが食べ方です。たとえば数人で現地の料理店に行き、ラーメンのつもりで汁あり麵を頼むと、健康と長寿を全員で分かち合えるよう、小さなお碗に全員分を取り分けて提供されたりするのです。日本人の感覚だと、どんぶり一杯食べるのが一食ですよね。これでは物足りなくてがっかりしてしまいます。

そもそも日本のラーメンの原点は、江戸時代からある「かけそば・かけうどん」です。どんぶり一杯のスープの中に、蕎麦やうどんではなく中華風の麵を入れたのがはじまりです。それが昭和・平成のラーメンブームで改良に改良を重ね、もはや中華料理とは無関係な、強いて言えば中華ルーツの日本大衆料理に進化してしまいました。

それがいま「日式」として中国や台湾に逆上陸して、けっこう高いのに珍しくて喜ばれているわけです。また、カウンターで銘々のどんぶりを抱えて食べるスタイルも、中華文化圏では変則的かもしれません。けっして安くないのに、屋台のように食べるからです。

あるいは餃子も同様ですね。日本では餃子といえばまず焼き餃子ですが、中国ではふつうは蒸し餃子か茹で餃子（水餃子）が出てきます。

蒸し餃子または茹で餃子が残ったら、翌朝は焼いて食べるわけです。焼くのも、さっと温めるためであり、焼き目をつけて食感を変えるとかいった意図はありません。食感を変えるのでしたら、中国人は油で揚げますね。

しかも、主食扱いですので皮がぽってりと厚く、水餃子などはつるんとしたのどごしですが、日本のように食べ味が軽くありません。そもそもご飯といっしょには食べません。とくに中国大陸の人は、「日本人が〝ラーメン餃子定食〟と称して、白飯、ラーメン、餃子をいっぺんに食べるのが信じられない。全部主食ではないですか！」と驚いたり憤慨したりします。

餃子は戦後、満洲から引き揚げた人たちが持ち帰って、闇市の屋台から始めて流行らせたといいます。いまでは栃木県宇都宮市と静岡県浜松市に宮崎県宮崎市が加わり「餃子の一人当たり消費量日本一」を争ったりして、もはや国民食のようなイメージがありますが、日本人とのつき合いはまだまだ歴史が浅いです（ラーメンは水戸光圀《みつくに》が明の亡命儒学者・朱舜水《しゅしゅんすい》からシナの文物の一つとして紹介された、という言い伝えがあり、餃子より歴史が古いことになります）。

しかも、中華圏では変則的な食べ方である焼き餃子が、満洲から持ち帰った人たちの食べ方だったからか、日本人の好みにあったからか、もっとも主流として普及してしまいました。

ちなみに北京あたりでは、餃子は「チャオツ」と言います。「ギョウザ」という言い方は遼東半島で話されていた山東地方の方言です。満洲国にいた漢人の多くが山東省出身だったため、日本人はそれを聞いて覚えたのでしょう。

なお、麵類については昔からイタリアのスパゲティとシナの中華麵がそれぞれ「自分たちこそ本家、発祥である」と主張しています。しかし、じつは両方とも違います。

小麦粉の生地を延ばしてつくる麵の発祥は、中央アジアのウイグルやラグマーン地方（現・アフガニスタン北東部）あたりです。そこから東へ西へ、遊牧民が伝えたのですね。

麵に限らず、小麦粉料理の文化はもともと遊牧民が生み出しました。たとえば、小麦粉の皮で具を包む食べ方もその一つです。それがシナに伝わると餃子、シャオピン（小餅）、小籠包《しょうろんぽう》に、チベットに伝わるとモモに、インドではサモサに、トルコではヒンゲル、ロシアではペリメニ、ドイツではクネーデル、イタリアではラビオリなどのダンプリング料理になったのです。

ちなみにシャオピンの前身である「ピン（餅）」が初めてシナに入ったのは唐の時代です。長安の大衆的な店でおおいに流行したという記録が残っています。今日で言えばファストフードのような扱いだったようです。

★お酒を蒸留したのは遊牧民

中華料理といえば、誰でもすぐなにがしかのメニューをイメージできますよね。点心、麵、炒青菜、八宝菜、回鍋肉、麻婆豆腐、杏仁豆腐……しかし時代とともにシナの食卓も大きく変わってきましたし、〝中国四千年〟どころか、中華料理にはほんの数十年の歴史しかないメニューだってあります（エビチリがそうですね。一九五八年に陳建民さんが日本で発明）。

新しい素材や新式の燃料などで料理が激変することがありますが、それ以上に、四方から人びとの往来が絶えず、支配層を含めて民族ごと入れ替わることが何度もあったシナ文明ですから、食をはじめとする文化もその時代時代で入れ替わって、変化してきたのです。

たとえば、こんなに肉を食べるようになったのは、モンゴルに支配された時代以降です。それ以前、宋代までは酢で締めた海鮮や米などが中心でした。つまり、昔の日本料理とよく似ていたわけです。

中華料理は、北方・南方と内陸・沿岸で特色が違います。大きくは四つ、上海料理・広東《かんとん》料理・北京料理・四川料理に分けるのが一般的ですが、専門的には八つ、山東料理・四川料理・江蘇《こうそ》料理・広東料理・安徽《あんき》料理・浙江《せっこう》料理・福建料理・湖南料理に分かれるそうです。

上海は中緯度の沿岸で小籠包などの点心、上海蟹、八宝菜が代表でしょう。それに租界《そかい》（一八四五年以降に設けられた外国人居留地）時代の外国の影響も入っています。

広東は南方の沿岸で、客家《ハッカ》料理や潮州《ちょうしゅう》料理などの民族料理も入ります。代表的なのはフカヒレ、雲呑《ワンタン》麺、焼売、酢豚などでしょうか。

北京は北方の内陸で、先ほど触れた餃子、刀削麺、炸醤麺など。北京ダックは宮廷料理で、油をたっぷり使った高級料理が特色です。

四川は南方の内陸で、暑くて寒く、盆地で多湿なため、辛い料理が多いとされます。麻婆豆腐、担々麺などですね。

地域でメニューが違うのですが、とくに北方だと麺など小麦粉料理が多く、南方はご飯のおかずっぽくなる感じもします。これは、米を食べるか小麦を食べるかの違いで、南北のだいたいの境界が、黄河と長江の間を流れる淮河《わいが》あたりにあります。ここを境に南側は米文化、北側は小麦文化なのです。つまり長江流域は米、黄河流域は小麦がとれる。それらの栽培に適した気候条件である、ということです。

また、北方は中央アジアの遊牧民とのかかわりが深かったので、遊牧民の食文化からも強く影響を受けています。

わかりやすいのはアルコールですね。もともとシナにあったのは、日本酒と同じような醸造酒でした。いまの紹興酒のように、米を発酵させてつくった酒です。ただし原料がもち米で、乳酸発酵させ、長期熟成もするので、その季節の新酒を楽しむ日本酒とはだいぶ違います。アルコール度数もやや高めで辛口ですね。

日本では昔、温めた紹興酒に氷砂糖を入れて甘くして飲みました。当時の日本酒が甘かったのに合わせたからでしょうか。いまでは甘いのがよいという人も減りました。これは日本人の価値観が変わったことを意味します。たかだか味の嗜好であって、思想が変わったわけではない、と無視する人もいるかもしれませんが、なかなか侮れません。価値観・好みが変わるということは、もっと大きなものを見る目も変わる可能性があるからです。

さて、お酒のイノベーション（革新）には「蒸留」という技術があります。低度数の醸造酒を加熱して気化したアルコールを集め、液体に戻すと、度数が三〇度から五〇度などと高くなるのです。濃くなると持ち運びが便利ですし、いたみにくいので保存性も高い。長距離を運ぶのにもぴったりです。

勘のよい方はおわかりかもしれませんが、酒の蒸留という技術をシナにもたらしたのは遊牧民でした。蒸留酒は遊牧民の文化、具体的にはモンゴル帝国時代です。

モンゴル帝国では、蒸留酒の製造は一部の技能集団に託されていました。ハラチン（またはカラチン）と呼ばれる部族集団で、もともとはコーカサスから連れてこられたキプチャク人です。つまり第二章でご紹介した「ポロヴェツ」の人たちらしいのです。

バトゥの遠征でモンゴル帝国に服属することになった遊牧民のポロヴェツたちは、良質な馬乳酒をつくるのがうまかったといいます。彼らを本国に連れ帰り、親衛軍として用い、かつ酒をつくらせたのでしょう。ハラチンは途中で人びとが入れ替わり、血縁的な継承はなくなりますが、「ハラチン」の名だけは代々受け継がれ、蒸留酒の製造集団としてあり続けました。

蒸留技術はシナに伝わると高粱《コウリャン》酒（茅台《マオタイ》酒）やパイチュウ（白酒）になり、ロシアに伝わるとウオッカになり（原料は雑穀やジャガイモ）、西ヨーロッパではブランデー（原料はぶどう酒）やウィスキー（原料は麦類の酒＝原始的なビール）になりました。

時代が飛びますが、一九〇三年に大阪で内国勧業博覧会が開かれたとき、内モンゴルからハラチンの王が来日しています。技能集団の末裔だったせいでしょうか、当時の内モンゴルにおいてはもっとも近代化に成功した部族（この言葉も日本語だとなんだか野蛮人の集団みたいですけど、モンゴル民族のなかの一つの集団を〇〇部と呼ぶのです。清朝からは〇〇旗という名前で行政区分されていました）だったとのことです。

それはともかく、蒸留の技術は日本にも入ってきます。十六世紀半ばですから織豊時代ですね。当時の明からまず沖縄に技術が伝わり、泡盛がつくられます（泡盛はタイから輸入したインディカ米が原料です）。沖縄から奄美《あまみ》（ここでは黒糖焼酎）を経て、薩摩《さつま》（原料はサツマイモですね）に入りました。いまも九州一円に焼酎の名所が多いことと、反対に東日本では焼酎の蔵元が少ないことにつながります。

先に、シナでは南北での違いが大きい、と言いましたが、日本では東西の違いが顕著と言えるでしょうか。

★ふたたびトルコ料理について——文明の十字路とは

ここでもう一度「世界三大料理」の一つトルコ料理について述べておきましょう。私たち日本人にとってはなじみが少ないのですが、そのせいでかえって先入観なく向き合えるかもしれないせっかくの機会ということで……。

「世界三大料理」の順番ですが、じつは「第一がトルコ、第二が中華、三番目がフレンチ」という向きもあるのですね。

日本で有名なのはこの逆の順番かもしれませんが。フレンチは皇室主催の晩餐会でもちいられる格式の高い料理だし、中華は庶民向けから高級までバリエーション豊かなうえ日本人になじみが深い、なのになぜトルコが一番なの……？

理由は単純で、これはそれぞれの成立年代なんですね。

先に「フレンチのフルコースはロシア宮廷が発祥」と言いました。そう、フランス料理の様式が確立したのはそれほど古い時代ではないのです。中華料理も、肉や油をたっぷり使うようになったのは近世ですし、いま中国大陸や台湾にある中華料理が確立されたのは清末民初でしょう。中華人民共和国が成立した一九四九年に、当時最高クラスの料理人たちは蔣介石《しょうかいせき》といっしょに台北へと脱出しましたし、香港にも移りました。人民共和国になってからも、幾度もの内乱・騒擾《そうじょう》状態で高級料理はたびたび断絶・復興しています。

フレンチ、中華に比べると、トルコ料理ははるかに歴史があります。それというのも、この地域の文明の歴史が古いからです。

紀元二〜三世紀、世界の中心は間違いなくローマ帝国でした。キリスト教が一気に普及したもこの頃です（紀元三九二年にはテオドシウス一世がローマ帝国の国教と定めました）。

しかし、それ以前に世界文明の最先端を走っていたのは、中近東のシリアやヨルダン、あるいはもう少し東へ行ったメソポタミア（チグリス・ユーフラテス河流域）です。そもそもは、これらの地域で小麦が生産され、大規模な人口が定住する「都市」生活が可能になったのです。この文化・文明が戦争や交易を通じてギリシアに伝わり、のちのローマ帝国の発展につながったわけです。

なお、「岡田史学」では〝文化〟は地元に根づいたもの、〝文明〟はもっとグローバルで文化よりも上位の概念、として使い分けます。

ローマ帝国が栄えると、今度はその文化・文明が中近東へ逆輸出されます。強いグローバル宗教であるキリスト教がやってくると、対抗するようにイスラム教が生まれます。これが文明のせめぎ合いの一例です。

異なる文化・文明が接触すると、競い合うように力を伸ばし、どちらの文化・文明も高まるのです。文芸や学問、政治、軍事、宗教……食文化も相互に影響を与え合ったのは間違いありません。

トルコ料理をローマ貴族の料理と比べると、土地が肥沃《ひよく》なぶん、素材では中近東がヨーロッパを圧倒していました。小麦粉、羊や水牛の乳製品、発酵食品、肉や魚、香料や香辛料。油はオリーブなど果実や穀物を搾《しぼ》った植物性のものから乳や脂や魚がもとの動物性のものまで。調理法や調味技術も、中近東起源のものに加えて、ヨーロッパからもアジアからも影響を受けています。まさに「文明の十字路」です。

その一端を示すのが、いわゆるアラビアン・ナイト『千夜一夜物語』で、美味しそうな食べ物のエピソードが大量に出てきます。ごちそうが身近で、それだけ豊かだったということでしょう。

そしていまでもこの地域の食の豊かさは変わりません。それを象徴するのがトルコ料理なのです。

また、甘いお菓子の種類が豊富で、極端に甘いことでも有名です。昔は蜂蜜がふんだんにとれたため、蜂蜜とバターなど油脂を惜しげもなく使ったのでしょう。いまは砂糖ですね。

食の好みは民族や習慣、環境によってさまざまに分かれますが、甘いものが好きという点だけは全人類に共通します（脳がブドウ糖を使うからでしょうか）。この〝甘いもの好き〟をとことんまで突き詰めているという点でも、トルコ料理はいろいろなものを究めた結果を現代に伝えていると思います。

★モンゴル帝国の飽食

ローマ帝国時代、ローマ貴族は文字どおり酒池肉林の日々を過ごしていた、とさまざまな記録に残っています。肉は牛・豚・鶏・羊とあらゆる種類があり、酒はぶどうやナツメヤシを原料とするもの、ぶどうは潰して漬けておくだけで自然に発酵する果物で、しかもさまざまな酒の原料のなかでも一、二の美味しさです。油はオリーブオイル、これも良質で美味なうえ身体にもよく、地中海性気候という自然の恩恵にたっぷりあずかっていたわけです。

ローマ帝国とその属州、さらにその外部の交易先、つまり世界中からローマに産品が集まったのです。これが権力の典型的な有り様で、当然なのですね。ローマ貴族は宴会ともなると、カウチのような台に身体を横たえ、大量の料理を味わいました。とくに、満腹になると吐いて、さらに食べ続けた、という話は有名です。

この飽食の貴族文化は、おそらく中近東経由でユーラシアの遊牧民にも伝わったのでしょう。十三世紀に〝世界の支配者〟となったモンゴル帝国にも、酒池肉林の習慣が受け継がれました。世界最高の権力が存在する場所には、やはり西からも東からも最高品質の物資が集まり、献上されるからです。

しかも、その量が並大抵ではありません。たとえば首都カラコルムを建設した際には、北シナから毎日三百輛の牛車で食糧や衣料品などが搬入されたそうです。また、その東方からの物産を目当てに、ルーシ（のちのロシア）をはじめ西方の商人がカラコルムに集まりました。彼らはここで商取引をし、西方の産品や大量の金銀を残していきます。

帝国には、世界のあらゆるところから人が往来し、多様な文化が混じり合うとともに、自動的に世界中の物資が集まったわけです。帝国中枢の支配者たちは、みずからは何もつくらずとも、それらを消費するだけで、当時最高に豊かな食生活を送ることが可能でした。

時代や国がかわってもこの原理は同じで、清帝国でも、大英帝国でも、アメリカ合衆国でも、世界覇権を握る帝国の中心には人もモノもカネも集まります。

そうした〝資産〟が集まると、自然と情報も集まり、文化が花開いていきます。

たとえば当時のモンゴル帝国には、漢字で書かれたクッキングブックが登場していました。牛や豚のレシピだけでなく、タルバガン（シベリアマーモット）の調理法も載っていました。

少し話がそれますが、タルバガンは体重六キロ以上になる大きな齧歯《げっし》類で、モンゴルでは食用・薬用にしますが、腺《せん》ペストを人にうつすこともあります。十四世紀頃ヨーロッパで大流行したペストの感染源もタルバガンだと推定されており、おそらく通商に携わった人がヨーロッパに持ち帰ったのでしょう。感染症は都市化・文明化につきものなのです。

飽食とは、本当は満腹で満ち足りた状態を指す言葉です。しかし往々にして、字面とは正反対に、けっして飽くことなくむさぼり続けるというイメージで使われます。悪い意味になってしまっていますね。

当時のモンゴル帝国の支配層は、軒並み太っていました。映画『スター・ウォーズ』の醜い異星人の巨漢、ジャバ・ザ・ハットのようなイメージです。日々大量に飲食して、病的な太りすぎになった、というわけです。当然でしょうね。

チンギス・ハーンの一族のなかには、口の中に溜まった油を取り除く専門の部下を従えていながら、その部下が目を離した隙に油を喉に詰まらせて窒息死した者もいるほどです。いまふうに言うと「生活習慣病で二十四時間要介護だった」ということになるでしょうか。

しかし、当時は「太っていることが美しく、権力の象徴でもあった」という文化的背景があったことを勘案しないといけません。「痩せているのが良い」とされるようになったのはごく現代で、少し前までは日本でも〝恰幅《かっぷく》がよい(小太りである)〟ことが紳士や権力者では美徳でした。北朝鮮の指導者はいまでも太っている姿を見せることが重要ですし(糖尿病になっても食べ続けねばならない、苛酷な地位です)、中国の最高指導者も痩せていてはいけません。

カラコルムはモンゴル帝国の首都でしたが、多くの遊牧民はカラコルムの町には住みませんでした。周辺の草原に、皇帝はオルド(帳殿)、一般の遊牧民はゲルを張って暮らしました。ただし食事は集まって大宴会で摂りましたので、カラコルムの町から料理人がつくった食事を届けてもらっていました。つまり、こんにちのケータリングの先駆はモンゴル帝国にあった、というわけです。

★シンガポール成長の鍵――華僑の旺盛な「食欲」

シンガポールといえば、アジア屈指の商業都市です。

もとはといえば、イギリス人ラッフルズがジョホール王国から掠《かす》め取って植民地にしたマレー半島南端の島にすぎませんでした。第二次世界大戦後に自治州となり、マレーシア独立に参加して一州となりましたが、その後マレーシア連邦から追放され独立、など紆余曲折を経た国です。

それがいまや、勃興する東南アジアの金融センターとなり、資本と情報が集中する、国土は極小ですが存在感がたいへん大きい国になりました。

発展の要因は、もちろん地の利もあるのでしょうが、それを生かそうと懸命に近代化への舵《かじ》を取ったリー・クアンユー首相など指導者も立派でした。各国との通交を盛んにする、という政治のポリシーが、快適で使いやすいチャンギ国際空港や、多民族国家の都市計画によくあらわれていると思います。

そしてもう一つ指摘しておきたいのが、「食」との関係です。

華僑《かきょう》の人たちがシナ大陸からマレー半島などに進出し始めたのは十六、七世紀頃です。

華僑とは、シナ本国に生まれて異国に移住した人びとおよび子孫のことです。いま「華僑」というと十九世紀以降にシナ本国から外へ出た人たちを指すのが一般的です。すなわち清末から民国・人民共和国時代ですね。「僑」には「仮住まいしている人」「海外居留民」の意味があり、移住先の国籍を取得せず、本国と関係を持ち続けている人が多いです。もっと古い時代に移住し、移住先の国籍を取った人は「華人」と呼ばれます。

十六世紀後半から十七世紀にかけて、日本では織豊時代から江戸初期ですが、ポルトガルやスペインの商人も来航しています。彼ら紅毛《こうもう》人は東南アジアについてもさまざまな観察記録を残しています。

そのなかに「シナ人はとりわけ食欲が旺盛」という記述があります。現地の人の三倍は食べる、などとあります。シナ人が増えると、増えた人数分以上に現地の食料生産や物流も急速に増えたとのことです。

やや大袈裟に言えば、ここから経済の原始的なメカニズムと、都市の発展の条件を読み解くことができます。需要が増えるから供給が増える。より多くのものが欲しければ対価を払う必要があり、それを稼ぐためには自分の生産力を増やす必要がある。

さらには、他人が持っていないものを新たにつくって売ればいい。余剰生産があって初めて取引・交換が可能になり、お互いに豊かになれるのです。

無駄なものはつくらない、過剰な消費はしない、という昨今流行りのSDGs指向ではこのサイクルは生まれません。現状維持がやっとでしょう。もっともSDGsなどは大きくなりすぎた資本主義や市場経済への反動思想で、成長を捨ててカツカツで持続するほうがマシではないか、という極端な考え方ですから、豊かになるサイクルなど眼中にないのかもしれません。

また、自給自足の生活も同様です。余剰を生産してもそれを何かに交換できないとしたら、余剰を貯めておく意味がなくなります。それならば投入する労働量を最低限まで減らし、自分たちで使うぶんだけ生産して終わるほうがよい、となるはずです。

もともと東南アジアは動植物の成長力が旺盛で、自生している果樹や根茎、魚や小動物をとるだけでも生きていけました。事実、山岳地帯の少数民族にはそのように、孤立して昔の暮らしを維持している人たちも大勢います。余剰生産のために苦しい労働を増やすモチベーションを持つ必要はないのです。

しかし、外部と通交があり、物資や情報が流入し、欲しいと思うものができるから、がんばろうという気になる。この欲望とがんばりがあらゆる経済の原動力でしょう。

また、外部から人と物資が集まれば、そこに市場《マーケット》が生まれ、より多くの人が集まり、さらに外部から呼び込むことになります。市場には、モノを交換することによってどちらの価値も増大させるという機能があるからです。それを遠方に運べばさらに価値が増します。

よい市場では商品の量もバリエーションも豊かになり、市場のある地域そのものの魅力が増していきます。外に対して門戸を閉ざし、内部だけで完結する経済であれば、こうはなりません。

これはごく初歩的な、当たり前の話なのですが、ここから二つのことが類推できます。

一つは、古代の日本が発展したのも、この力が働いたからではないか、ということ。

日本列島はパッと見、大陸から離れて孤立した島々のようです。しかしそれは間違いです。

有史以来、日本へは大陸や朝鮮半島から大勢の人々が流入していたのです。

それは古代の華僑と呼んでもいいかもしれません。まだ国籍などない時代ですが、渡来人が独自の文化、言語や文字を持ち、集住し、コミュニティを形成したことはわかっています。各所に散って現地人と同化した人びともいたでしょうし、溝を掘り木の柵で町を囲って「国」をつくった人たちもいました。

彼らがシンガポールの華僑のように大食漢だったかどうかはわかりませんが、先進的な道具や技術、文化を持ち込んだのは間違いない。いっぽう、迎え入れた日本の現地人としては、食料の増産が急務になります。彼らの技術や物資と食糧を交換するマーケットが成立したことは容易に想像できます。

渡来人が持ち込んだ物資のなかには、米の種籾《たねもみ》もあったはずです。近現代のシンガポール同様、渡来人の存在が現地人の労働意欲をかき立て、各地の町や村を成長させたのです。

もう一つわかったことは、マルクス主義の誤謬《ごびゅう》です。

マルクス主義の根幹の考え方に「経済発展段階説」があります。国家は原始共産制→奴隷《どれい》制→封建《ほうけん》性→資本主義→共産主義へと、段階的に独自に発展していくとして、「だから共産主義社会の実現は不可避である」と共産主義者は主張しました。

この言説は二十世紀の一時期、世界中を席捲し、言論界でも一世を風靡《ふうび》しました。ソ連をはじめとする共産党が支配する国家群が勃興し、「共産圏」が成立した時期が半世紀近く続きました。この影響はいまも完全にはなくなっていません。とくに言論界は、現実世界で共産主義国が崩壊したのと、マスコミ内での共産主義支持者の世代交代がズレていたこともあり、いまもあちらこちらに残滓《ざんし》がこびりついています。

発展段階説には、外部からの刺激、外部との相互作用という視点が欠けていました。先に述べたとおり、国内だけで閉じた経済では変化が乏しい、いや、変化のしようがありません。まして独自に発展することなどあり得ません。

しかしマルクス主義は無謬とされ、発展段階説も批判されずに来ました。そのせいで共産圏の国ぐにには一国内で、あるいは共産圏内での交流で事足れりとする傾向が強くなり、鉄のカーテンや竹のカーテンの向こうに引きこもりがちでした。そうして自由主義圏との冷戦に負けていったのです。

歴史のさまざまな変化・発展の経緯をたどれば、これは簡単にわかります。難しい理屈ではないのです。欲しいと思わせる、魅力のあるものが、人びとを動かし、歴史を動かすのです。

★バレエがロシアで進化した理由

ここまで、各地の「食」が縦横に伝播し、社会や文化に新しいものを生み出したようすを紹介しました。他にもさまざまなものが国や民族を超えて伝わり、イノベーション（新結合）を起こしています。舞踊やクラシック・バレエもその一つです。

バレエはルネサンス期のイタリアで発祥しました。イタリアの料理文化がフランスで開花したように、バレエもフランスに伝わって宮廷の余興として人気になり、王侯貴族も踊る大ブームになりました。宮廷での余興から劇場での興行に、プロのダンサーの仕事に変化したのもフランスでした。フランス革命では伝統を批判するロマン主義が興り、ロマンティック・バレエが生まれるきっかけになったともいいます。

しかし、いま現在、バレエがもっとも盛んな国はロシアでしょう。有名なバレエ音楽、チャイコフスキー「白鳥の湖」「くるみ割り人形」やストラヴィンスキー「ペトルーシュカ」「春の祭典」などは十九、二十世紀のロシアで生まれました。伝説的なバレエダンサー、ニジンスキーは西ヨーロッパを席捲しましたし、彼の「春の祭典」での振り付けはクラシック・バレエを否定し、モダン・バレエの幕を開きました。こうした革新の軌跡のうえに、帝政期〜ソ連時代〜現代と世界最古の伝統を誇る最高峰のボリショイ・バレエ団があります。

ウクライナ侵攻でロシアのバレエ界も揺れ動いていますが、その牙城は一朝一夕には崩れないでしょう。

ロシアのバレエも、宮廷料理同様、フランスから入ってきました。十八世紀前半、時のロマノフ王朝がヨーロッパ文化に強い憧れを持ち、制度でも文物でも何でも、がむしゃらに西欧化しようとして取り入れたものの一つです。

フランスのバレエは、あくまでも女性ダンサーの踊りがメインで、動き自体もそれほど大きくありませんでした。また男性ダンサーはあくまでも女性を支える脇役でした。

それがロシアのバレエになると、男女ともに縦横に飛び跳ねる、より華やかで深みのある舞踏演劇へと生まれ変わったのです。

これは偶然の進化ではないでしょう。もともとウクライナには、男性が激しく踊るコサックダンスが伝統として存在しました。ウクライナ・コサックの習俗ですが、もとは十三世紀にキエフ大公国を滅ぼしたモンゴル人が、東洋武術として持ち込んだものだということです。十八世紀にウクライナがロシア帝国に併合されると、コサックの軍制は廃止され、コサックダンスも廃《すた》れました。男女の激しい舞踊「ホパーク」として細々と農村に残っていたようです。しかし、男性が激しく踊ることに違和感がなかったことが、バレエへ与えた影響は大きかったと思います。

そのもっと前から、ロシアには中央アジアの遊牧民が多く住んでいました。遊牧民にとってダンスや歌は単なる趣味嗜好ではない、〝生き甲斐〟のようなものです。その伝統と情熱がバレエ文化と融合したとき、激しく多彩なロシア・バレエが生まれたのでしょう。

前述のニジンスキーはキエフ生まれですがポーランド系で、コサックの子孫ではないようです。けれど、彼が最初に注目されたのは並外れた跳躍だったそうです。

中央アジアの文化がヨーロッパに影響したのはバレエだけではないですね。その最たる例がいわゆるジプシー音楽でしょう。

ジプシーはこんにちでは「ロマ」あるいは「シンティ」などと呼び方が変わりました。北インド出身の民族とされ、共同体に属さず、定住せずに幌《ほろ》馬車を使って移動する、という伝統を強固に守り続けています。十二世紀にヨーロッパに現われはじめ、十五世紀初めにはヨーロッパ各地へと到達しました。

ヨーロッパ人とは風貌も言葉も違うため、その出現に驚いたパリの人びとが「どこから来た?」と訊ねたとき、「小エジプト」「低地エジプト」と答えたことから「エジプシャン」と呼ばれ、つづまって「ジプシー」と呼ばれるようになったそうです。

ただし「小エジプト」「低地エジプト」がどこを指すかは不明です。彼らの出自がエジプトではないこともものちに明らかになりましたが、それでも呼称だけは一種の蔑称《べっしょう》として残ったわけです。

現在の「ロマ」は北インドのロマニ系を祖とする、という彼らの自称です。言語はインド・ヨーロッパ系でインド・イラン語群に分類されるロマ語です。「シンティ」はドイツ語圏での言い方で「シンティ・ロマ」とも言われます。

彼らは行く先々で生活の糧《かて》を得るために、大道芸や手品、占い、音楽と舞踊を披露します。どれも仕入れたり、在庫を持ったりせずにすむものですね。子どもたちは学校に行かないかわりに、小さな頃から楽器の修練を積み、弾けるようになるとすぐ客の前に出てどんどん稼ぎます。定住民には同化せず、所有の観念や道徳も違うことから各地で差別や迫害を受けました。しかしそのエキゾチックな感じが、他にない魅力のあるエンタテインメントとして受け容れられました。

たとえば音楽でジプシー文化の影響が色濃いのは、ハンガリーの舞踊やスペインのフラメンコですね。他にも、哀調を帯びたバイオリンの名曲「ツィゴイネルワイゼン」は〝ジプシーの旋律〟という意味ですが、作者のサラサーテはスペイン生まれのバスク人です。ドイツの作曲家ブラームスの「ハンガリー舞曲」、ハンガリーのリスト作「ハンガリー狂詩曲」、イタリアのモンティ作「チャールダーシュ」もジプシーの旋律を取り入れています。同じくハンガリーのバルトークは農村の民謡を数多く採集して、ジプシー起源の旋律を多く含む曲群でハンガリーの国民的音楽を確立しました。

ポピュラー音楽ではフランスのバンド、ジプシー・キングスや、ベルギーのジャズギタリスト、ジャンゴ・ラインハルトが代表ですね。

欧米のポピュラー音楽のルーツというと、ブルースやジャズ、ロックやヒップホップなどへの黒人音楽の影響がまっ先に挙げられますが、西欧のクラシックの流れにはジプシー、つまり中央アジアの非定住民の音楽性がしっかりとある、ということでしょうか。

★外国の文化を受け容れると、身体の使い方まで変わってしまう

日本人の場合、ロマノフ朝の西欧化政策ではないですが、明治になってから懸命に西欧化しようとした経緯があります。

日本の西欧化政策には大きく言うと二つの目的がありました。一つは、江戸幕府が諸外国と結んだ不平等条約を改正すること。そのためには日本が彼ら西欧諸国と同じ文明国であると示せるよう、西欧式の制度・習俗を移入する必要が生じたのです。もう一つは、富国強兵のために教育制度や軍制、度量衡《どりょうこう》を西欧式にしたことです。

前者の有名な例が、外務卿《がいむきょう》（のちの外務大臣）井上馨《いのうえかおる》がホストを務めた接待所「鹿鳴館《ろくめいかん》」です。実際に鹿鳴館が稼働したのは一八八三（明治十六）年からの四年ほどにすぎないのです

が、外国からの国賓・外交官を西欧式の夜会で接待し、芸妓《げいぎ》や女学生まで動員して舞踏会を催しました。国粋主義者からは「嬌奢《きょうしゃ》を競い外国人に媚《こ》びている」と批難され、外国人からは「日本人の食べ方、着方、踊りは滑稽だ」と評されるなどさんざんでしたが、日本政府はこれ以上ないくらい真剣でした。

慣れないダンスを踊り、西洋式の食事を供することが、不平等条約をはね返し、国益を取り戻す唯一の方策、いわば形を変えた戦争だったからです。

しかし、西欧式ダンスを真剣にやればやるほど、明治の日本人、とくに元勲《げんくん》のご夫人方は苦労したはずです。なぜなら、日本にはそれ以前は西欧式ダンスはまったく伝わっていませんでしたし、なにより身体の使い方が日本と西欧ではまったく違ったからです。

明治以前、日本人の基本的な歩き方は、いわゆる「ナンバ歩き」だったとされます。右手と右足、次に左手と左足が同時に出るわけで、現代ではこのように歩くと「手と足がいっしょに出てるよ」と笑われます。現代では、間違った歩き方とされているのです。

また、古武術や剣道、相撲で見られる〝すり足〟もナンバ歩きです。これはすべて、日本人の生活習慣に深く根ざしているのです。田植えでぬかるんだ田んぼのなかを前進するとき、右足を前に出せば、右手も前に出ます。鍬《くわ》で畑の土を掘り起こすときも同様です。農業社会を基礎とする日本では非常に合理的な身体の使い方なのです。

ところが明治以降、これが上からむりやり矯正されることになりました。下々は国民皆兵の軍隊に取られ、そこで西欧式の訓練を受けると、左手と右足、右手と左足を出すよう、こんにち的な行進を叩き込まれます。

当時の軍人は上も下もたいへん苦労したそうですが、これによってナンバ歩きの伝統は消滅していきました。三浦雅士『身体の零度──何が近代を成立させたか』（講談社、一九九四年）が詳しく述べていて非常に興味深いです。

そういう状態なので、明治初めの日本人にとって、西洋風のダンスをマスターするのも簡単ではありませんでした。立ち方から足の運びまで西洋式に、お辞儀をカーテシーに、と矯正されるのです。また日本の伝統音楽と西洋音楽では調性もリズムも違います。聞き慣れない音楽は美しく聞こえませんし、リズムに乗ることもできなかったでしょう。

これはダンスだけでなく、バレエや、ピアノやバイオリンなど楽器の習得においても、最初は同様だったことでしょう。

日本政府は初等教育の音楽で、西洋音階のCDEFGABをハニホヘトイロと置き換え、日本の風物を西洋風旋律に乗せた童謡を文部省唱歌に定めて子どもたちに歌わせました。

大人向けには軍歌ですね。最初は御雇い外国人に軍楽隊や軍歌をまかせていたのですが、徐々に日本人による曲を充実させ、集団訓練の一環として入営する兵士たちに等しく教え込みました。地方の農村から来たナンバ歩きの青年たちに、軍隊式の行進や立ち居振る舞いを叩き込んだのです。

こうしたこと一つひとつが、西洋列強に伍《ご》して国際社会に参加できる、国民国家の必須条件、とされたのでした。

クラシック音楽を学ぶために西洋に留学した日本人は、明治時代から相当数いました。有名なのは瀧廉太郎《たきれんたろう》(一八七九－一九〇三)や山田耕筰《やまだこうさく》(一八八六－一九六五)など、名作を残した作曲家ですが、パッとせず名を残せなかった人も多いようです。身体性に根ざした西洋との違いは、なかなか肌感覚として会得できなかったと思います。

しかしいまや、芸術や、美を競うスポーツの分野でも世界トップクラスの日本人が多数います。ピアノやバイオリンの演奏家は、一時代前の〝正確なだけ〟〝技巧だけ〟ではなく、文化的蓄積を背景にした豊かな作品解釈ができるようになりましたし、バレエやフィギュアスケートでは身体的にも見劣りせず、技巧も芸術性も遜色《そんしょく》ありません。いったい何が起きたのか。

明確な答えがあるわけではありませんが、一つ言えるのは、日本人が熱心に取り組み続けたことです。まずは徹底的に模倣することから始め、かたちから入って、その精神性まで体得しようとした。そこに元来の器用さが加わり、親から子へと努力を続けた、庶民でもそうした教育に手が届くよう国民所得も増えた……といったさまざまな要素がからみあって、本場をしのぐような人材が生まれてくるようになったのではないでしょうか。

ピアニストの中村紘子さんが書かれていたエッセイによると、中国人が奏でるクラシックは以前から、技術だけは相当に高かったそうです。しかし、そこに西洋のクラシックとしての精神が宿らず、なぜか中国風に響いたらしい。このあたりは、いかにも中国人にありそうなエピソードという気がします。

しかしその中国人もいまやコンテスト上位の常連です。国力が文化を押し上げる、努力が文化・文明的なギャップを超える、という実例でしょう。

★モンゴル帝国が西洋に広めた、権力者のための娯楽

かつてユーラシア大陸を東から西まで席捲したモンゴル帝国ですが、いまではその面影を見つけることすら難しいですね。征服地に巨大石造物をつくったり、自分たちのやり方を押しつけたりといった、よくある征服者のようなことをしなかったからなのですが、モンゴル帝国の研究者としては少し寂しい気もします。

しかし、まったくゼロではありません。各地のちょっとしたことに、モンゴル帝国の名残がうかがえることがあるのです。

それが何か、種明かしをする前に、モンゴル帝国の行政システムの話をさせてください。

ちょっと話が飛びますが、日本には飛鳥時代、朝廷がある一族をして特定の職能に専任させるならわしがありました。大伴氏《おおとも》（天皇の親衛隊）、物部氏《もののべ》（朝廷の軍事をつかさどる）、蘇我《そが》氏（朝廷の財政をつかさどる）、土師氏《はじ》（埴輪職人）、中臣氏《なかとみ》（朝廷の神事・祭祀をつかさどる）などが代表的です。

これと同じく、モンゴル帝国にも特別な部族名を与えられた職能集団がいくつもあったのです。

たとえば、君主のまわりから片時も離れない男性ばかりの近習たちは、太刀持ち係、馬の世話係、食事の用意係、服の用意係など、役割が細かく決まっていました。

彼らの勤務態勢は独特で、一つの係を四グループのローテーションで回していました。一グループの側近が二十四時間で三日三晩仕えたのち、交替します。当番を済ませたグループはそれから九日間は遊牧民の生活に戻る、といった具合にオン／オフを過ごしていました。

これらのほかにも「オルドチ」と呼ばれる集団がいました。彼らの仕事は、次の遊牧地を決めることです。遊牧民は一カ所に定住せず、文字どおりつねに異動しながら暮らしていますので、（「遊」は遊ぶという意味ではなく、旅をする「遊学」「遊説」や、場所を定めない「遊弋《ゆうか》」「浮遊」と同じ意味です）。しかし、やみくもに異動するわけではなく、誰かが行き先を選定するのです。その役割を担うのがオルドチで、さながら〝ロケハン〟のように、方々《ほうぼう》を先に歩いて候補地を探しておくのです。ロケハン＝ロケーション・ハンティング＝現地下見、ですからほぼ同じですね。

オルドチたちの役割はきわめて重要で、かりに同じ季節に同じ場所へ行っても、水や草の量が毎年同じとは限らないので、事前の実地調査が絶対欠かせないのです。

しかもハーンの遊牧となると、宮廷ごと千人から二千人の人びとがまとまって異動することになります。君主の坐所となるオルド（帳殿）をどこにして、どこにどれだけのゲルを建て、といった〝都市計画〟を綿密に立てる能力もオルドチには要求されます。

シナを支配した元朝の大ハーンであっても、このような生活様式は変わりませんでした。ただし、真冬と真夏に滞在する場所は決まっていました。冬場の三カ月間は、征服した大都《だいと》（現・北京）で、避寒をして過ごします。春になればオルドチの先導によって移動を開始し、夏になったら現在の内モンゴルにある避暑のための都・上都《じょうと》にしばらく落ち着きます。

上都は漢語ではシャンドゥと発音しますが、英語圏で「桃源郷」「歓楽の都」の意で使われる「ザナドゥ（Xanadu またはキサナドゥ）」はこれが語源です。

この上都は広大な土地が正方形の城壁に囲まれているのですが、広さのわりに建物はわずかしかありませんでした。その代わり、城壁のなかには山があり、湖があり、谷があり、世界中の動物が自由に歩きまわり、飛びかっていたのです。現代でいえばサファリパークのような様相です。あるいは現代欧米の自然公園《ネイチャーパーク》の発祥と言いますか。

こうした施設をモンゴル帝国は上都だけでなく、征服したイラン（イル・ハン国）、ロシア（キプチャク・ハン国）にも建設しました。

これ以降、イランやロシアでは巨大なバーグ（庭園）を持つことが、その地域の権力者のステータスシンボルになったということです。

こういう場所が存在したのには、やはり大帝国ならではの理由があります。

征服地からモンゴルの宮廷へはさまざまな献上品が持ち込まれましたが、そのなかには各地域にしかいない珍獣もいました。それらをすべて、この広大な庭園のなかで放し飼いにしたのです。

単なる観賞用や動物保護のためではありません。同時におこなわれたのが、娯楽としての〝狩り〟です。この〝狩り〟の習俗こそ、現代のヨーロッパにも伝わるモンゴル帝国の遺風なのです。

上流階級にとっては、支配者の姿や振る舞いが自分たちの暮らしぶりのモデルになりますから、いつのまにか、狩りができることは貴族の必須条件になりました。権力の誇示、権力者であることの証明になるわけですから。

モンゴル帝国はドーバー海峡を越えることができませんでしたから、イギリス貴族の狩りの習慣は直接モンゴルの影響とは言えないかもしれませんが、ヨーロッパ大陸の諸政権は、各地で革命が起こり貴族階級がなくなってしまったため、イギリスにだけ古い形が残ったのかもしれません。こんにちイギリスでは「狐狩りは残酷だ」と動物保護団体から指弾され、徐々に禁止の方向に向かっていますが、それでも英国貴族は狐狩りをやめません。いわば彼ら上流階級の歴史的な存在証明だからです。

また、これは貴族に限りませんが、ヨーロッパでは、地主や村長など村の名士は自宅に広い庭を持っていて、来客があると庭でパーティーをします。ケンブリッジでもベルリンでも、学者の家ですら、客が来たら庭にテーブルを並べて家族一同で食事をするのが最高のもてなしなのです。この習慣はモンゴルに代表されるユーラシア遊牧民の暮らし方が、いまもヨーロッパの人たちの身体に沁み込んでいる、とも言えます。ヨーロッパ人の身体の深層にも〝ナンバ歩き〟のようなものが埋もれているのかもしれません。

第四章

中国がめざす「モンゴル帝国の再現」
——「一帯一路」とは

★日本人に焼きつけられた「シルクロード」のイメージ

国際社会と国際経済において、中華人民共和国の存在感は、よくも悪くも増大しています。その根幹にあるのが、二〇一三年に最高指導者（共産党中央委員会総書記、党中央軍事委員会主席、国家中央軍事委員会主席、国家主席）・習近平が提唱した「一帯一路」構想です。何本もの陸路（一帯）と海路（一路）でシナからヨーロッパの西端までを直結させ、ユーラシア大陸全体で一大経済圏を築こう、というものです。

陸路である「一帯」は「シルクロード経済ベルト」、海路の「一路」は「21世紀海上シルクロード」と名づけられ、どちらも象徴的に「シルクロード」が冠されています。

ユーラシア大陸は、周知のとおり、世界最大の大陸です。とくに、東西方向に広いことが一番の特徴なのです。東西方向、つまり同じ緯度の土地は同じような温度や天候、気象条件になるので、同じ気候の範囲内でどこに住むかの選択肢が豊富になります。これがアフリカ大陸や南北アメリカ大陸ですと、どうしても南北に広くなっていて、少し南北方向に移動すると気候が変わってしまいます。寒かったり暑かったり乾燥したりといった厳しい環境が多くなるのと、似た環境がずっと東西方向に広がっているのとでは、文化や文明の発展する潜在力が違ってくるため、ユーラシア大陸は他の大陸よりずっと恵まれていました。だから四大文明のうち三つ（メソポタミア文明、インダス文明、黄河文明）がユーラシア大陸で生まれましたし、ギリシア・ローマの地中海文明もユーラシア大陸発祥です（アメリカの進化生物学者、ジャレド・ダイアモンドによる仮説です。『銃・病原菌・鉄』一九九七年。和訳は草思社、二〇〇〇年）。

そのユーラシア大陸の東西を結んだ「シルクロード」は、紀元前から存在した、中央アジアを東西に貫いた交易路の総称です。文字どおり絹（シルク）をはじめ、食料や青銅器・鉄器・貴金属、あるいは文化や技術、宗教もここを伝って東西を往き来しました。

太古にできたことが、こんにちもう一度できないはずがない。「一帯一路」構想とは、「シルクロード」よ、蘇《よみがえ》れ、というわけですね。

中国政府が「シルクロード」を前面に出したがるのは、シナ文明と地中海文明とをつないだ交易路が〝世界史を動かしてきた〟のだから、〝自分たちが世界史の主人公である〟というイメージを利用したい、という意図もあると思います。

また、日本においてはシルクロードはたいへんな人気があります。火がついたのは一九八〇年から放映された「NHK特集 シルクロード」です。日中共同制作で「絲綢之路《しちゅうのみち》」というサブタイトルもついていました。中国領内の西域を外国メディアが取材したのはこれが最初で、日本人が初めて目にする、かつ、いつか見たような郷愁をともなった美しい映像は大きな話題を呼びました。シンセサイザー奏者・喜多郎による幻想的な音楽も大好評で、テーマ曲のやわらかな感じが日本人に「シルクロード」への好印象を強く焼きつけたと思います。井上靖・司馬遼太郎・陳舜臣といった流行作家も番組に登場し、彼らが西域を舞台に書いた作品も大ヒットを重ねました。

苛酷な沙漠地帯や険峻な山岳地帯を、隊商たちが苦労しながら往来し、そこでもたらされた文物はわが国の東大寺正倉院などにたしかに現存している、というのは日本人に強烈なイメージを植えつけました。八〇年代にはシルクロード・ブームが起き、それ以降も西域観光ブームや歴史ブームが根強く続いていると言えます。エキゾチックで、かつノスタルジック、というのが私たちが惹かれてやまない理由でしょうか。

正倉院に収蔵されている宝物を私たちが直接目にする機会はなかなかありませんが、ウェブで画像が公開されていて検索して見ることができます。たとえば「白瑠璃碗《はくるり》」、アルカリガラスの切子細工ですが、サーサーン朝ペルシアで製作された、と比定されています。こんな壊れやすいものがよくぞ大陸と海を越えてきたものだ、と感慨をおぼえます。

あるいは伎楽《ぎがく》面の「胡《こ》面」。伎楽面は奈良時代に雅楽の舞で用いられたもので、東大寺の大仏開眼《かいげん》法要などでもこれをつけて踊ったのでしょう。明らかに日本土着ではない、鉤《かぎ》鼻の異邦人、ペルシア系の人をかたどったと言われています。踊り手自身もペルシア系やトルコ系などの「胡人」だったかもしれません。ペルシアから人が渡来していた可能性がとても高いのです。

宝物のなかには箭《せん》（矢）や弓、鉾《ほこ》や刀剣などの武器もあるのですが、なにぶん宝物ですから武骨な実用品とは違ってみやびやかなものが多いです。

以前は「正倉院御物《ぎょぶつ》」と言い、皇室に代々伝わった私的財産、ということでした（ですから御物は国宝には指定されません）。しかし、戦後の日本国憲法施行、さらに昭和天皇崩御後の相続で多くが国有化され、呼び名も「宝物《ほうぶつ》」と変わりました。

戦後、天皇家は戦をしない平和的な帝王だった、というイメージが形成されました。事実としてはけっしてそうではないのですが、私たちが天皇家の御物だった宝物を見る際にも、平和で神秘的なイメージを持ってしまいます。私たち日本人が「シルクロード」に抱くイメージはきわめて平和的なのです。

しかしこれは実態に沿ったものなのかどうか。

戦後の日本人は軍事的・強権的なものに強いアレルギーを持つように教育されました。NHKの放送ポリシーも、軍事・暴力（戦力・実力）に対しては否定的で、宥和《ゆうわ》的・平和的なのがよい、というイデオロギーに支配されています。たしかに平和は尊いものですが、このような見方はけっして中立的な歴史観ではないですし、これほど〝平和大好き〟な歴史観は世界的にも少数派ではないかと思われます。

「シルクロード」にロマンを求めるだけなら、それでも一向にかまいません。夢や憧れは知的好奇心の原動力でもありますし、大切なものです。

しかし、この偏った見方のままで、歴史上、実在した「シルクロード」の姿をはたして正確に把握できるのでしょうか。

★つい最近まで中国人は「シルクロード」に興味がなかった

いっぽう、中華人民共和国では、シルクロードに関心がある人はつい最近までほとんどいませんでした。その前の中華民国や清帝国でもそうです。ごく最近の八〇年代に、日本でシルクロード・ブームが起きたことによって、「観光客が来ればカネになる」とやっと気づいたほどです。

それまで西域は中国人からも忘れられ、見捨てられた地域でした。シルクロードの要衝である楼蘭《ろうらん》の近く、タクラマカン砂漠北東部は核実験場で、人が入ると危険な区域でした。現在の新疆《しんきょう》ウイグル自治区内です。ここでは大気圏内核実験が一九八〇年まで、地下核実験は一九九六年までおこなわれていました。ふつうなら立入禁止とされる場所です。

ブームに踊らされた日本人観光客が楼蘭の遺跡に押し寄せるようになりましたが、周辺が核実験場で、残留放射能によって汚染されていることは伏せられていました。楼蘭観光をした人たちは知らずに被曝したのではないか、という疑いが持ち上がっています。

楼蘭遺跡も、一九七九年に日中共同制作「シルクロード」の取材が入るまでずっと放置されていました。このときの取材調査で女性のミイラが発見され、「楼蘭の美女」と名づけられ、日本でも大ブームになりました。

しかしそれ以前の調査というと、一九三〇年代のスウェーデン人探検家スヴェン・ヘディンによるものが最後でした。その前はというと、日本の西本願寺の大谷光瑞《おおたにこうずい》探検隊による調査で、一九〇八年と一九一一年です（明治四十一年・四十四年）。

清帝国、あるいは中華民国が楼蘭を調査することはありませんでした。「NHK特集 シルクロード」以降は中国と早稲田大学との共同調査が入ったりしましたが、現在は外国人による調査は認められていません。

そもそも、「シルクロード」に注目したのはシナの学者ではなく、西欧の学者たちでした。

十九世紀にドイツの地理学者リヒトホーフェンが、オアシスを経由して東西を結んでいた交易路を「ザイデンシュトラーセン（絹の道）」と表現したのが最初です。

　前述のヘディンはリヒトホーフェンの弟子にあたり、十九世紀末から中央アジア探検に乗り出し、ペルシア（現・イラン）、メソポタミア（現・イラク）から、ブハラ、サマルカンド（現・ウズベキスタン）などを探検しました。そしてロシアからウラル山脈、パミール高原、タクラマカン砂漠を踏破して北京へと至る大成果をあげ、一躍人気者になりました。

　ヘディンの探検紀行は日本でもベストセラーになりました。シナ大陸奥地探検は日本人のあいだにもロマンをかき立て、朝日新聞社が原稿連絡用の軽飛行機を帯同させた探検隊を満洲国の奥地へ派遣することもおこなわれました（一九三三年、第一次満蒙学術調査研究団）。もちろんこれらの探検には軍事的な目的が含まれています。

　ヘディンの大旅行も学術的な目的とともに軍事的な目的がありました。横断ルートを明らかにする、地形を記録し、途中の地図をつくる、といった地理学的な研究は、世界の全容がまだ明らかになっていない当時は、領土拡大をめざす帝国主義国家にとっては最新かつ喫緊《きっきん》の課題であり、他国を軍事的にリードする重要な研究でもあったのです。事実、ヘディンのスポンサーにはロシアのロマノフ王家も入っていましたし、のちにヘディンはヒトラーからもその功績を直接称賛されています。

　この雰囲気がよく描かれた映画が『イングリッシュ・ペイシェント』（一九九六年、米国公開、九七年、日本公開）でしょうか。こちらの舞台は北アフリカのリビア砂漠で、英国王立地理学会に参集した英国貴族や探検家（情報部員でもあります）、他の国ぐにの地理学者の人間模様のなかで、ハンガリー人貴族と英国人探検家の妻の恋愛が砂丘を背景に展開されます。そしてハンガリー人伯爵は、瀕死の恋人を救うために、探検の成果である地図を、侵攻してきたドイツ軍に意を決して渡すのです。

十九、二十世紀初めの秘境遠征は、イギリスなどの世界帝国が国家の威信と学問の進歩のためにおこなう大冒険でした。そしてそのなかには、軍事目的にも使える地図をつくる、というプロジェクトが内包されていたのです。

このような冒険は当時の先進国だけが取り組めたもので、たとえば英国では富裕な貴族が自発的に資金を出しました。これはツタンカーメンの墓を発見した考古学者ハワード・カーターのスポンサーが国家や研究機関ではなく、一人の貴族（カーナヴォン伯ジョージ・ハーバート）だったことと同じですね。発掘や探検は貴族の冒険心を満たすスポーツであり、投資の対象となる一大事業でもありました。

王家や軍が出資したプロジェクトもありましたし、日本の満蒙調査団では前述のように新聞社がスポンサーとなりました。

末期の清帝国や、辛亥《しんがい》革命がやっと成った直後の中華民国ではこんなことは不可能だったでしょう。中華人民共和国ですら、建国から三十年経って、それも日本のＮＨＫとの合同取材チームに帯同するかたちで、やっと楼蘭を発掘調査したのです。

沙漠のかなたの西域は、近代国家にとってあまり魅力のない、遠い遠い場所だったのかもしれません。

★「ユーラシアは意外に狭い」というのがモンゴル帝国的な感覚

習近平の「一帯一路」は盛んに「シルクロード」を連呼していますが、冒険やロマンとはあまり関係がなさそうです。

その目的が、もはや国内だけでは消費しきれない余剰生産物を第三世界の国ぐにに売りつけることだったり、開発費用のカネを貸して、中国企業に開発を請け負わせてそのカネを吸い取り、借金のカタに港湾使用権（租借権ですね、昔で言うと）やその他の排他的独占権を認めさせる〝罠《わな》〟として使っていることもわかってきました。それまで「カネがない発展途上国にチャンスをくれる」徳の高い国を演じていたのに、その傲慢《ごうまん》な態度が露顕してきました。進出した各国で反感を買い、「一帯一路」が「アンチ中国ベルト地帯」になりかけている、という笑えない話もあります。

いっぽう、安倍晋三首相（当時）が提唱した「自由で開かれたインド太平洋（FOIP）」構想は、習近平の「一帯一路」構想への対抗政策でした。まさに、日本文明はシナ文明の対抗文明であり、文明と文明のぶつかり合いが新たな歴史の動きを生み出す、という「岡田史学」のダイナミズムが現代でも起きている、それを私たち自身が目撃している、という貴重な歴史的経験でした。

そうなのです。習近平の中国が「一帯一路」に邁進《まいしん》する根拠になったのは、「シルクロード」というイメージだけではないのです。

ＮＨＫがつくって宣伝し、日本国民の大勢が魅了された「シルクロード」のよいイメージには、習近平もおおいに喜んだでしょう。自分たちの政治に利用するのにやぶさかではなかったはずです。

しかし、「一帯一路」の原型、いやシナの歴史的・国民的イメージと言ってよいでしょう、そのもとになっている歴史的事実は「シルクロード」ではなく、「十三世紀のモンゴル帝国」なのです。習近平は「モンゴル帝国の最盛期を自分の手で再現する」というプロジェクトとして「一帯一路」を進めているのです。

モンゴル帝国はチンギス・ハーンが国を興し、第二代オゴデイ・ハーン、第三代グユク・ハーン、第四代モンケ・ハーン、そして第五代フビライ・ハーンと続き、ついにシナ大陸全体を版図に収め、西の中央アジア、ヨーロッパと接続する大帝国を打ち立てました。東方では宋を滅ぼし、朝鮮半島を征服し、日本の鎌倉幕府まで脅かし、西方ではロシアを抜けてヨーロッパに至り、南方では中央アジアやイラクまでを支配下に入れました。

モンゴル帝国では軍も一般の遊牧民も馬と徒歩で移動しました。その彼らがあっというまに成し遂げたことを、現代のテクノロジーを持つ中国ができないはずはない。

あるいは、モンゴル帝国が示したのは、ユーラシア大陸の東端から西端までが意外と近いことではないでしょうか。環境さえ整えば、現代でも大帝国の再現は可能……こんな発想が「一帯一路」の根底にある気がします。

中国人は、〝平和大好き〟な日本人とは対照的に「力」の信奉者です（もっとも、日本人が〝平和大好き〟になったのも戦後、ここ七十数年のことにすぎませんが）。

中国人は、自分たちに政治的・経済的・軍事的な力があれば、行く先々の現地国は必ず従うはず、カネをばら撒いて鉄道や道路を通し、あっというまにヨーロッパまで通じるルートを整備できる、と考えています。

これは、チンギス・ハーン以来、オゴデイ・ハーンやフビライ・ハーンがおこなった征服の手法と同じなのです。

帝国が盛んに外征を繰り返していた時代、モンゴル遠征軍の水先案内となったのは、モンゴル帝国に征服され、家来になった現地のイスラム教徒です。たとえばイスラム商人は、大陸のどこが栄えているか、どこに行けば儲けられるか、商売的な見地からその土地土地を観察していました。彼らはモンゴル帝国において、平時は財務官僚や各地の代官や徴税官の役割を担いました。シナに元朝を建てたフビライは、イスラム教徒だけでなく、家来になった漢人や高麗《こうらい》人の助言を聞いて軍を出しました。

★政治力・経済力・軍事力と、歴史を捏造する力がセットになった「一帯一路」

モンゴル帝国が外征を繰り返した目的は、領土的な野心や征服欲からというわけではありません。そもそも遊牧民に領土を有するという感覚があったかどうか。農業をやる定住民でしたら、土地の所有権は一大事（「一所懸命」の語源ですね）ですが、遊牧民はここがだめならあちらへと、さっさと移動すればいいわけですから、土地所有にはこだわりません。

モンゴル軍は戦争にも強く、長らく世界最強の軍隊であり続けました。彼らにはコンパクトで強力な弓矢と、馬という機動力、馬を乗りこなす技術、騎兵の集団戦に最適化された戦略・戦術があったからです。モンゴル時代にも火薬はありましたが、兵隊が持って歩ける火器、つまり銃が出現し、騎兵から歩兵へと戦争の主役が変わる近世まで、モンゴル騎馬軍団の天下は続きました。

そんなに戦争に強く、やればほとんど勝ててしまうモンゴル軍にとってすら、戦争はなるべくしないに越したことはない、たいしてメリットのないものでした。それよりも彼らが欲したのは、商圏の確保による利益の拡大だったのです。それには交易ルートの覇権を握ることがもっとも合理的でした。

利益を極大化しようとするなら、より遠距離との交易をするのが得策です。

十八、十九世紀イギリスのデイヴィッド・リカードは〝神の見えざる手〟で有名なアダム・スミスの古典派経済学を継ぐ経済学者ですが、自由貿易主義を主張しました。英国とポルトガルの間でおこなわれた毛織り物とぶどう酒の貿易で、両国がそれぞれ自国消費用の毛織り物とワインを自分で生産した場合と、英国が毛織り物を、ポルトガルがポルトワインの生産へと分業した場合、どちらの生産性が高いか、という例から、「国際分業」と「自由な貿易」がどちらの国の生産性も高め、人びとの幸福を増大させる、と結論したのです。「比較優位の原理」と言いますが、交換や貿易が儲かる、新たな価値が生まれる基本がここにあります。

そして遠くの国との貿易になればなるほど、同じ商品でもより大きな付加価値がついてくるわけです。なので隣の国同士よりも遠い国と、さらにはユーラシアの東の端と西の端とで、という具合に交易のスケールは大きくなっていきました。

「一帯一路」は、広大なユーラシア大陸の端から端までの長大なルートを構想していますが、モンゴルのやり方と違って、各地で排他的な利権を奪《と》ろうとしています。港湾や鉄道建設の借款《しゃっかん》の返済を迫り、払えないと容赦なく長期の独占使用権を取り立てるやり方ですね。これはモンゴル帝国の鷹揚《おうよう》なルート整備・商圏拡大よりもずっとケチくさいというか悪辣《あくらつ》かもしれません。モンゴルは、征服戦争のあいだは容赦がありませんでしたが、いったん統治を始めたあとは比較的穏健な支配に留まりましたから。

もっとも習近平たちは、けっしてモンゴル帝国の名は出さないでしょうし、ましてや元朝のフビライを手本にしているなどとは認めないでしょう。あくまでも、偉大な中国人民によるオリジナルの構想だ、と言い張るはずです。

中国は今後ますます「一帯一路」に傾注して、その拡大をめざすでしょう。「このあたりが潮時」とか「そろそろ拡大はやめて質的充実をはかろう」といった発想にはならないのです。それは、彼らのいわゆる「社会主義市場経済」が、過剰投資をやめず、不良債権の存在を隠し、融資や投資を引っ張り続けるというスキームが前提になっているため、自転車操業なのはわかっているのに、やめられないということです。

また、「一帯一路」は純粋に経済的なメリットだけを追求するプロジェクトではありません。

政治的な威信や、軍事的なプレゼンス――つまり「力」ですね――も大きくかかわっています。ですから、経済的にペイしない、とわかっても簡単にやめられません。

そうした採算度外視の国家プロジェクトが、シナ帝国では歴史上何度もありました。隋の煬《よう》帝《だい》による高句麗遠征や大運河建設、北宋の徽宗《きそう》の庭園づくりなど、帝国自体を傾かせ滅亡の原因になりました。プロジェクトを中止しないと国が傾く、というときでも、帝国の威信や面子《メンツ》が傷つくほうが問題なのでしょうか。

ですから、こうした大プロジェクトにおいては、進出先とのパワーゲームに加え、威信や面子を守るために歴史の捏造が必ずおこなわれます。

たとえば現在の南シナ海への進出です。南沙《なんさ》諸島（英名：スプラトリー諸島）は中華人民共和国だけでなく、中華民国（台湾）、ベトナム、フィリピン、マレーシア、ブルネイが領有を主張する複雑な地域です。諸島といっても岩礁《がんしょう》や砂州（サンドバンク）のような不確かな地形ばかりなのですが、ここを領有すると、資源が埋蔵されているであろう大陸棚を含む広大な排他的経済水域が手に入るため、各国がそれぞれ岩礁や砂州を軍隊で守り、実効支配を主張しています。

中国は実効支配している砂州で埋め立て工事をおこない、飛行場のついた人工島をつくってしまいました。もちろん国際法上の違反行為であり、珊瑚《さんご》礁や海洋生物の生息地が回復不能なまでに傷つけられました。

しかし中国はこうした数々の無法を、「南シナ海はもともと中国の支配下にあった」と主張し、国際法も無視してしまいます。歴史的な根拠が何もなくても、いまの政治・経済・軍事力を背景にすれば他国は逆らえない、歴史的な正当性なんてあとからついてくる、と踏んでいるわけです。

「一帯」のほうの鉄道も、経済力で劣る中央アジアの国ぐにでカネをばら撒き、敷設を急いでいます。まずトルコまで延伸する予定とのことですが、それも「モンゴル帝国がここまで来たのだから」という動機が背後にあるのではないかと私には思えてなりません。

★中・ロが得意な「サラミ戦術」、なぜ日本やアメリカは苦手？

シンプルに「力」を信奉する中国人の発想ですが、これはけっして中国人が特殊なわけではありません。二〇二二年にロシアが始めたウクライナ侵攻も、ウクライナ側に軍事的・政治的な隙があったのをつけ込まれたのです。

ロシアも中国と同じか、あるいはそれ以上の「歴史の捏造」をおこなっています。クリミア半島はもともとロシアに帰属する、ウクライナ東部、ドンバス地方の住民はロシア語を話すからそこはロシアだ、といった強引な宣伝を繰り返し、反論する側が少しでも黙ったら、すぐに既成事実にしてしまいます。

このように似た行動パターンを持つロシアと中国ですが、彼ら同士は仲がよいかというと、それは外部に対してそう見せているだけです。かつては同じ社会主義国家同士なのに国境を争い、中ソ論争など互いに熾烈《しれつ》な批判を戦わせてきました。

いまはウクライナを攻めるロシアを中国はなるべく目立たないようにサポートしていますが、もし中国の軍事力がはっきりロシアを上回るような事態になったら、予断を許さなくなるでしょう。中国がロシアに「特別軍事作戦」を仕掛けない保証はありません。もしそんなことが起これば、中国は「かつてロシアはモンゴルに支配されていた。われわれはモンゴル帝国の継承者だ、われわれがロシアを支配するのは合法だ」と言うでしょう。十三〜十五世紀の〝タタールのくびき〟が復活するのです。

日本も例外ではないでしょう。いま日本の国力は明らかに弱まっています。もっと国力に差が生じ、その差が彼らの想定を上回ったとき、つまり勝利を確信したときには、「かつて日本は中国(後漢や三国の魏《ぎ》)に朝貢していた」「琉球は明・清に服属していた」といった主張とともに、領土や主権をじわじわと侵襲しようとするかもしれません。

「サラミ戦術(サラミ・タクテクス)」という軍事用語があります。もともとはハンガリー共産党の指導者が使った言葉ですが、「サラミを薄くスライスして食べるように、相手の領土、権益、主張、交渉条件などを薄くそぎ取って少しずつ滅ぼしていく」戦術・戦略です。

ソ連がこれを得意としていましたし、中国もよく実践しています。

はじめは国内の敵対者から勢力をそぐのに使われました。共産党が政権を取ると、反対勢力の力をそぎ、ゆっくりと大弾圧への布石を打ちます。最初は気づかれないほどわずかなものを奪い、それを足がかりにしてもう少し大きなものを、さらに突っ込んだ条件を、と相手に認めさせていくのです。小さなことでも時間をかけて積み重ねれば、かなり大きな既成事実が手に入るわけです。ソ連ではスターリンによる大粛清、中国では毛沢東の反右派闘争・文化大革命などがこうして準備されました。中国の新疆ウイグル自治区やチベット自治区でおこなわれている弾圧・民族浄化も、いずれもこのような手練手管で始まりました。

対外的にもサラミ戦術は使われます。先述した南沙諸島における実効支配地の拡大も典型的なサラミ戦術ですね。

最初は少しだけ岩礁のまわりを埋め立てる。次に建物をつくるためにもう少し埋め立てる。船着場をつくる。宿舎を広げる。備蓄倉庫をつくる。ついには滑走路をつくり、対空陣地を設けて軍事拠点化する。気づいたときには岩礁や砂州だったところが〝不沈空母〟になっています。

ロシアのウクライナ侵略も、クリミア半島、ドンバス各地、と少しずつ支配地域を広げてきました。それが二〇二二年二月には全面侵攻を開始して、これまでやってきたことも侵攻の一部だったのだ、と露顕しましたが、派手な軍事行動に出なければサラミ戦術はいまでも気づかれなかったかもしれません。

どうして中国やロシアのような国とサラミ戦術は相性がよいのでしょうか。

これらの国ぐにの共通点は、強権的・権威主義的・寡頭《かとう》支配的ということです。一人の強力な指導者が決めたことは、容易に覆《くつがえ》されません。ですから、長い時間がかかるサラミ戦法も、途中で忘れられたり見捨てられたりせずに完遂できる、と言えるのではないでしょうか。

これが英米や日本のような民主国家だと、米国では最長八年間同じ大統領が治めますが、日英では内閣制なのでだいたい数年で首相が変わります。国家戦略の永続性を保ちづらいのです。もちろん根幹にかかわる戦略は政権が替わっても継承されるようになっていますが、新しい統治者が独自色を出すために、前世代の戦略を捨ててしまうことはままあります。また、人気が出ない政策は政権維持に貢献しないとして放棄されます。いつもいつも民意を気にしなければいけない民主制国家では、どうしても政策が近視眼的になるのです。サラミ戦術のような地味で気の長い作戦は、民主国家は苦手、ということになるでしょうか。

★モンゴル帝国を準備した中央アジア——非遊牧民のイスラム商人

習近平の中国は、どれくらいモンゴル帝国のことを研究しているのでしょうか。

というのも、モンゴルの支配は伝統的なシナ王朝とはもちろんまったく異なるものですが、それまで存在した遊牧帝国とも違う、画期的なところが多々あるのです。それはとくに、宗教や異民族への寛容性という点にあらわれています。チベットもウイグルもモンゴルも〝漢民族〟にしてしまおうとしている現代中国で、モンゴル帝国の広大さだけに目がくらみ、モンゴル帝国の寛容性の意味がどれだけ理解されているか、心許《こころもと》ない限りです。

ここで、モンゴル帝国に至るまでの中央アジア史をざっと振り返ってみましょう。

六世紀半ば、中央アジア北部の高原地帯（現・モンゴル高原）を支配していた遊牧国家である柔然《じゅうぜん》から、トルコ系の遊牧民である突厥《とっけつ》が独立しました。

突厥は呼び名そのものが「テュルク」で、これがいまに至るトルコの始まりなのですが、柔然は何系か、はたまた最初の遊牧帝国を築いた匈奴《きょうど》はモンゴル系かトルコ系か、というような議論はナンセンスです。そもそもその系統は人種のことを指しているのでしょうか、言語のことを言っているのでしょうか。それにしても、トルコやモンゴルが登場する以前の遊牧民がどちらの系統に属するか、どうしてわかるでしょう。だいたい遊牧民の国家は部族連合で、族外婚といって他の部族と婚姻を結ぶのが常です。純血種などどこにも存在しません。

モンゴル高原で突厥帝国が建国された頃のシナは、五胡十六国時代に北方の草原から南下した鮮卑《せんぴ》族が建てた唐です。鮮卑族は、南北朝の北魏時代になってから、自分たちは大興安嶺山脈の北方から移住したと言うようになりました。モンゴル高原よりもずっと東北の山のなかです。一番有名な鮮卑族出身者は、シナをふたたび統一して隋をつくった高祖楊堅《ようけん》・二代目の煬帝親子、隋を滅ぼして唐を建てた李淵《りえん》・李世民《りせいみん》親子などですね。鮮卑族の言語は、アルタイ系（トルコ語やモンゴル語、ツングース語を総称してこう呼びます）であるということがわかっているだけで、はっきりしません。

突厥は柔然を滅ぼし、モンゴル高原から中央アジア一帯を支配する突厥帝国を誕生させて、建国当初の唐に圧力をかけたりして、存在感を示しました。その後、突厥は東西に分裂してどちらも唐に滅ぼされてしまいますが、それから中央アジアにはいくつものトルコ系国家が誕生しました。その末裔としてこんにちも存在しているのが、たとえばウイグルであり、ウズベクであり、キルギズであり、トルコ共和国です。

突厥の保護下には、ペルシア系農耕民族のソグド人がいました。サマルカンドを中心とするソグディアナ地方（現・ウズベキスタン）を拠点とした民族で、漢文では粟特《そくどく》と表記されます。オアシスに定住した農耕民ですが、シルクロードでの交易を得意とする商業民族でもありました。しばしば「ソグド商人」と呼ばれるのは、そのためです。

ソグド商人は隊商を組んでシルクロードを縦横に往き来し、突厥の台頭を実務面で支えました。突厥はソグド人を保護し、彼らの情報や商品で豊かになり、ソグド人は突厥が勢力圏を拡大するのに乗じて交易路を延ばし、商圏も広げてゆきます。やがて隋・唐の時代には都の長安や洛陽にも居留地がつくられ、ソグディアナから来た商人たちが滞留するようになりました。ソグド人がアジアの交易の覇権を握ったと言えます。逆に言えば、長安のシナ人商人は利権をソグド商人に奪われたということでもあります。

そのせいか、漢籍の史料には、しばしばソグド商人への悪罵《あくば》が書かれています。「トルコ系民族はまっすぐで扱いやすいが、その下にいる粟特人はずる賢い」「粟特人は子どもが生まれると、口に氷砂糖を含ませ、膠《にかわ》を握らせる」（甘言を弄《ろう》し、手には銭を粘着させるの意。膠はゼラチン質の接着剤）といった具合です。

七世紀、アラビア半島のメッカでイスラム教が成立し、どんどん勢力を伸ばしてきました。創始者ムハンマドの後継者がイスラム帝国をつくり、東ローマ帝国やサーサーン朝ペルシアに対抗し始めたのです。

八世紀になると中央アジアにも波及し、トルコ系の諸民族も、ソグド人もイスラム化しました。沙漠のオアシスの民のみならず、草原の遊牧民たちもイスラム教徒になっていったわけです。

その要因として一つ挙げられるのが、ビジネスとのかかわりです。もともとムハンマドはアラビア人の商人であり、経典である『クルアーン（コーラン）』にもムハンマドと商売の話がいくつも出てきます。石油が発見される前のアラビア半島はたいへん自然条件が厳しい土地で、とにかく商売をしなければ人びとは生きてゆけませんでした。ムハンマドは大勢いたアラビア商人のうちで、カリスマ性と合理性を兼ね備えた人物で、そのような教えを説いたところ、急速に信者が増えていったのです。

イスラム教がアラブ世界から外部へ伝播《でんぱ》していったのも、主に商業ルートに沿ってでした。これは一種のグローバリゼーションで、同じ信仰心を持つ者同士で商圏が広がるなら、その傘の下に入ったほうが有利だ、というビジネス上の判断だったのです。アジアの遊牧民はもともと牧畜だけでなく商売も得意でしたから、続々とイスラム教に帰依《きえ》していったのでしょう。

宗教が勃興《ぼっこう》するときは、純粋で熱狂的な信仰心がもちろん中心にあるのですが、それだけで爆発的に広がりはしません。宗教や思想といった上品で高級なものも、カネや食べ物、身の安全、快適さといった卑近《ひきん》で具体的なものが下から支えていないと、けっして流行らないのです。

イスラム教の場合、武力による侵掠や折伏《しゃくぶく》よりも、実利的な商売、持ちつ持たれつの相互扶助関係になれる、という魅力が普及を後押しした可能性が高いです。

さらに八世紀半ばになると、イスラム帝国はウマイヤ朝からアッバース朝へと代わります（七五〇年・アッバース革命）。アッバース朝は中央アジアへ進出し、現在のキルギスを流れるタラス河で唐の軍勢三万と衝突します（七五一年、タラス河畔の戦い。唐軍は十万との説も）。西域から西アジアへ圧力をかけていた唐軍と、東を望むアッバース朝軍との天下分け目の戦いはアッバース朝側の圧勝となり、イスラム帝国側の商圏は西アジアから一気に中央アジアまで広がり、確固たるものになりました。

その後、十二世紀に中央アジア一帯を支配したのが、東方のシナ支配を女真人の金に奪われて、故郷のモンゴル高原に留まらずさらに西進したキタイ人の王朝カラ・キタイ（西遼）です。キタイは契丹《きったん》と書き、現在のモンゴルから中国東北部（満洲）、極東ロシアへ至る地域に住んでいた遊牧民でした。先述の鮮卑とも近い部族です。中央アジアにやってきたキタイ人は仏教徒でしたが、多数のイスラム教徒を属民として従えていました。しかし一世紀ほどで衰退し、十三世紀初頭に中央アジアに新たな覇者として登場したのがチンギス・ハーン率いるモンゴルだったのです。

★チンギス・ハーンを〝教祖〟としたモンゴル帝国

ハーンとはモンゴル帝国の君主の称号です。トルコ語だとカンと発音し、カーンという言い方もありますが、現代モンゴル人はハンよりもハーンがより上位の概念と考えていますので、私たちはチンギス・ハーン、オゴデイ・ハーンなどと書くことにしています。

チンギス・ハーンの統治方針では、あらゆる宗教を対等に扱《くみ》うこと、としていました。それは見方を換えると、モンゴル帝国の政権はどんな宗教にも与しない、ということです。この方針のもと、中央アジアのイスラム教徒は、広大なモンゴル帝国支配下で、何の気兼ねもなく商売に専念できたわけです。

この方針はチンギスの孫、フビライ・ハーン（第五代ハーン）の代まで受け継がれました。チンギス・ハーンのモンゴルは故郷の草原に留まらず、カラ・キタイが支配していた中央アジアへ進出し、世界制覇への一歩を踏み出します。その動機は何だったのか？

二〇一八年に私が初めてキルギズを訪ねたとき、その答えがわかったような気がしました。キルギズは、とても暮らしやすいよい土地なのです。

キルギズ、現地の発音ではクルグズスタンと言い、キルギズスタンは英語読みですね。漢籍では堅昆《けんこん》（紀元前の漢字の読み音は、現代語の普通話の発音とはずいぶん違っていたはずです）。日本ではなぜかキルギ「ス」ですがこれは正しくないので本書では採りません。キルギズでいきましょう。

キルギズは天山山脈の西端に位置する盆地の国で、首都ビシュケクからは真夏でも雪山を拝めます。五千〜六千メートル級の山々だから一年中冠雪しているのです。そもそもビシュケクが標高八百メートル、キルギズは国土の半分近くが標高三千メートルを超える山国です。水も土壌も豊かで、気候は地中海や米国西海岸に似て穏やか、沙漠もありません。農業が盛んで果物は大きく甘いです。

イスラム教国家ですが、スーパーマーケットには大量のアルコール飲料が並んでいました。とくにコニャック（ブランデー）の産地として有名で、旧ソ連の構成国だった時代には、連邦で飲まれ、輸出されるコニャックのほとんどがキルギズ産だったとのことです。これほど恵まれた土地ですから、かつての西突厥もカラ・キタイもモンゴルも、モンゴル高原から部下の遊牧民たちを引き連れてやってきたのです。

当時から今まで、中央アジアの商取引はあいかわらずイスラム商人たちが牛耳っていました。しかし中央アジアのイスラム教徒は、ムハンマドの教えよりも古来の遊牧民の習慣のほうが強く残っていて、世俗的なのです。その伝統は今日まで引き継がれているため、平気で酒も飲むわけです。

チンギス・ハーンのモンゴル帝国は国教を定めてはいませんでしたが、シャーマンを通じて天を崇《あが》める習慣がありました。チンギス・ハーンはシャーマンから「天上には唯一の天、地上には唯一の君主チンギス・ハーン」という天命を授かったことにより、版図拡大のための遠征を開始します。大勢の人びとがそれを信じて遠征に参加したとすれば、それはもはや宗教運動と言っていいでしょう。十字軍のようなものです。

モンゴル軍の破竹の勢いのもとには、チンギス・ハーンのカリスマ性に支えられ、自分たちには正当性があるという〝根拠〟があり、なおかつそれによって具体的な利益を得られる、という三点がありました。これがモンゴル軍の強さの理由だったのです。

言い換えれば、モンゴル軍は〝チンギス教〟とでもいうべき宗教的情熱に支えられた軍勢だったのです。

統率者からすれば、このように自民族オリジナルで、政教一致した宗教はとてもつごうがよいです。外来の宗教ではこうはいきません。崇拝の対象が外部の権威とみずからの統治者とに二分されるわけですから、敵が同じ宗教だった場合など葛藤が起きてしまいます。統率者にとってはそうした宗教は邪魔ですらあります。

モンゴル軍配下の全員がチンギス・ハーンのカリスマを信じていたわけではないかもしれませんが、モンゴル帝国という巨大なグローバリゼーションに便乗したほうが儲かる、という利害の一致はあったはずです。

信仰心というものには人によって濃淡があります。人びとがいまほど無神論的でなかった時代だったとしても、狂信的な原理主義者ばかりではありません。日常生活で周囲とうまくやるために秩序を守る、それが宗教的秩序だった、という穏健な人も大勢いたはずです（それは日本の隠れキリシタンや一向宗でも同じだったはずです。ただし、外から迫害されたとき、一致して立ち向かわねばならなくなると、みな一様に堅い信者のように振る舞わねばならなくなります）。

とくにイスラム教は、穏健で最大公約数的に共感できる社会秩序として世界中に広まりました。いま、原理主義者がテロを起こしたり、国家にまつろわぬ武装勢力がいたりして問題になっていますが、それはイスラム教徒全体ではごく一部です。

★モンゴル帝国がつくりあげた「近代帝国」のかたち

ユーラシア大陸のほぼ全域を版図とするくらい成長したモンゴル帝国ですが、彼ら自身には領土的な野心はありませんでした。そもそも遊牧民なので、土地所有という観念が非常に薄いのです。土地はあくまでも家畜が餌を食べる場所であり、草がなくなれば用なしでよそに移動します。

ですからモンゴル帝国では、征服した先々にモンゴル人の統治者を置くとか、モンゴル流のルールを押しつけるといったことはしませんでした。現地の有力者に統治をまかせ、彼らに税金を集めさせてカネを取り立てるだけに専念しました。

第二章ではモンゴルがルーシを支配したやり方を述べましたが、あの方法を各地でとったのです。

ロシアでは町の支配者（クニャージ／公、族長）を徴税官に取り立てました。中央アジアではイスラム教徒を、シナでは漢人をそれぞれ代官に立てて徴税させました。それ以外はほぼ地元勢力に自治を許し、モンゴル帝国自体は指導も規制もしませんでした。要するに、広域の交易路をつなげて商業をさせることで商人たちに儲けさせ、その上前をはねる、という語弊《ごへい》がありますが、上澄みを納めさせることで労せずして莫大な利益を得る、という方針だったのです。

これは十九世紀以降の近代的な帝国主義、植民地主義と比べてもユニークです。

アフリカやアジアを植民地にした英仏やベルギー、オランダ、ポルトガルなどの帝国主義国家は、植民地からあがる利益が最大になるよう、プランテーション（大規模農園）や鉱山を開発し、現地人を厳しく統治し、本国の産品を売りつけ、植民地産品を安く収奪しました。人的資源は差別的な待遇で本国に移入させたり、もっと前は奴隷として新大陸に売りました。植民地となった南の国ぐにが低開発状態だったので、まず本国から投資して開発しなければならなかったため、収奪もきつくなり、やがて現地で反感が醸成されました。

また、「人道的」と称して現地人をキリスト教などに教化しようとしたことも、結果的に現地の文化をないがしろにし、現地人の誇りを傷つけたわけで、無視できません。

それは大日本帝国も同様で、台湾や朝鮮半島へは本国以上に投資をして集中的な開発から始めました。そして日本の場合、不幸にしてというか幸いにというべきか、これから収奪したら利潤をあげられるというところで、敗戦し海外領土を手放すことになったのです。

モンゴル帝国の支配は、そうした近代植民地主義とはかなり違う、現地人の自発的な働きに依存した、過剰投資や過度の支配をしない、だから反感も集めない、言ってみれば放任というか放牧というか、遊牧民らしい鷹揚さのある関係だった、と言えるでしょう。

十九世紀の近代帝国主義に先立つこと六百年、非常に合理的で無理のない統治システムをつくりあげていたのです。

ところがモンゴル帝国も代を重ねて、チンギス・ハーンの子孫が増えてくると、帝国各地からの取り分をめぐって一族内で争いが起こります。一族の不満を抑えるにはより多くの利益が必要で、手っ取り早く利潤をあげるには帝国領外に戦争を仕掛け、戦利品を持って帰るしかありません。そのためふたたび遠征を始め戦火を拡大するのですが、すでにユーラシア大陸のほとんどが帝国の版図になっていますから、これ以上攻め入る国にもおのずから限界がありました。この不満が溜まり、やがて継承争いに発展するわけです。

ただし、その争いも私たち日本人が想像するのとは違って、オープンでおおらかだったようです。

井上靖の有名な小説『蒼き狼』には、自分の出自と後継者について思い悩むチンギス・ハーンが描かれています。しかしモンゴル人の友人に言わせると、「偉大なチンギス・ハーンはこんな細かいことで悩まない」のだそうです。言ってしまえば、後継者は誰でもいい、と考えていたとのこと。

これはじつは遊牧民・騎馬民族ではよくある話なのです。よくも悪くも非常にドライ、とも言えますし、自分があれこれ悩んで後継者を指名するより、候補者たちに勝手にやらせて、一番うまくやった者が後継者でいいじゃないか、という積極的放任主義でもある。後継者たちの権力闘争にしても、正面から堂々とぶつかるだけで、権謀術数を駆使して、という話にはなりません。豊臣家を滅ぼした徳川家康の策謀や、大名家のお家騒動などとはだいぶ違います。

ちなみに「モンゴル人」とひと口に言いますが、その範囲は時代により、あるいは定義によりかなり異なります。帝国には支配層として数百の部族が結集しましたが、その全員がモンゴル人だったとも言いがたい。

あるいは支配下に置いたウイグル人や契丹人、ポロヴェツ人、クリミア人などをモンゴル人（ロシアではタタール人）に含めるべきかどうかも議論の分かれるところです。

さらに言いますと、日本を襲った元寇ですが、あの船団には生粋《きっすい》のモンゴル人つまり遊牧民はほとんど乗っていなかった可能性があります。征東軍総大将のヒンドゥ（忻都《きんと》）はモンゴル人だったとされていますが、『元史』「列伝」に名前が登場しないので、少なくともフビライの縁戚ではない。草原の部族長ですらなかった可能性もある。そもそもヒンドゥとはモンゴル語・トルコ語でインドのことです。彼自身がインド系だったというわけではないでしょうが、モンゴル人の名前かというと、それも非常にあやしい。

モンゴル軍が遠征先から連れ帰った現地の武人なのではないか、あるいはその二世か、といった推測ができるかもしれません。

二人いる副司令官のうち劉復亨《りゅうふくこう》は漢人、もう一人の洪茶丘《こうさきゅう》は高麗人です。配下の軍隊はおそらく高麗人が主力で、そこに女真人や契丹人が加わる混成部隊だったと思われます。

考えてみれば当たり前で、騎馬民族であるモンゴルは基本的に騎兵です。大平原の機動戦でこそ強さを発揮しますが、船の上、海の上では勝手が違いすぎます。そもそも遊牧民は泳げませんから、船になど乗りたくなかったでしょう。

★マルコ・ポーロと「海のシルクロード」

草原の民ですからモンゴル人は当然、海とは縁が薄かったのですが、モンゴル帝国には「海のシルクロード」もありました。いえ、帝国の繁栄を陸の商人たち以上に支えたのが、遠くヨーロッパまで通じる海上ルートだったのです。

一二六〇年に第五代大ハーンに即位したフビライは、もともと兄のモンケ・ハーンから漢地経営をまかされており、いまの内モンゴルに本拠地を持っていました。前述の夏季の都の上都です。即位後には首都を華北の大都（現・北京）へ移し、一二七一年には国号を「大元」に改めます。そのため一二七四年と一二八一年の日本遠征は日本側からは「元寇」（それぞれ文永の役・弘安の役）と呼ぶのです。その間の一二七六年には南宋まで制圧し、シナ大陸のほぼ全土を支配下に置きました。

それによって元が手に入れたのが、南宋の港湾都市・杭州（現・浙江省杭州市）や泉州（現・福建省泉州市）です。ここを押さえることで元は、海路での交易の利権を得ました。ユーラシア大陸を越えてヨーロッパへ至るルートが、陸上に加えて海上にも確保されたのです。

この陸海両方のルートを使い、ヨーロッパと東アジアを往還したことで知られるのが、イタリア（当時はヴェネチア共和国）人マルコ・ポーロです。ヴェネチアで中東貿易を営む商家に生まれた彼は、外貨取引や貨物船の取り扱いなどを習い、父と叔父に連れられて東アジアへの旅に出ます。目的は商売はもちろんですが、新ローマ教皇グレゴリウス十世からフビライ・ハーン宛の親書を届けることでした。一二七一年、陸路で出発します。

大元の上都にたどり着いたのは一二七五年です。フビライに謁見《えっけん》し、すっかり気に入られます。

以後十七年にわたり、マルコは大元に留まりました。政務官として支配地域の各所で勤務したり、フビライの使者としてインドやビルマ（現・ミャンマー）、スリランカ、インドネシア、ベトナムなど南アジア各地に派遣されたようです。そうした国ぐにの報告はフビライを楽しませ、マルコは重用されました。このあたりにも、有能であれば民族や宗教にかかわらず人材を登用するモンゴル帝国のやり方がうかがえます。

しかし大ハーンから寵《ちょう》を受けることは危険でもありました。大ハーンが健在であればその保護を受けられ、権力の恩恵にあずかれますが、万一ハーンに何かあれば、いっしょに失脚させられたり、悪くすると命を狙われます。それを恐れたマルコは再三暇乞《いとまご》いしますがなかなか許されません。

一二九〇年、フビライは一つの条件とともにマルコの帰国を許しました。

そのとき、モンゴル帝国の構成国の一つで現在のイランを中心とした中東地域を支配していたイル・ハン国のハーンが大元の皇女コカチンを娶ることになっていました（イル・ハン国の「ハン」はペルシア風の発音です）。北京からテヘランまでは五千六百キロ、たいへんな道のりなうえ、ちょうど中央アジアで内乱が起きていたため陸路は危険だと見送られました。そこで海路で赴くことになり、航海術に長じたマルコ・ポーロはその案内役を命じられたのです。

一二九〇年に泉州を出航した一行はシンガポール（当時はテセマックという漁村）、セイロン島を経由してペルシア湾口のホルムズに至ります。そこからヴェネチアに帰還したのが一二九五年、じつに二十五年間の長旅になりました。

マルコ・ポーロが帰還したヴェネチアはジェノヴァと戦争を始めます。マルコも自分のガレー船（手漕ぎの大型船）を武装させて海軍として参戦しますが、海戦で負けてジェノヴァ軍に捕虜に取られ、収監されました。たまたま同獄にピサの人ルスケッロ（ルスティケロ・ダ・

ピサ）という作家がいて、マルコが自分の経験した長旅について語ったところ、ルスケッロがそれを書き留め、のちに『東方見聞録』として有名になるわけです。

マルコの数奇な運命はともかく、この南回り海上ルートは、東西交易でおおいに利用されました。たとえば元朝時代の十三～十四世紀には、イスラムからシナに入ってきたものの一つに、コバルト系の青い顔料がありました。陶磁器、とくに白磁や青磁の生産地として有名だった長江南岸の景徳鎮《けいとくちん》では、これを使って白地に青の模様が描かれた染付磁器を大量に生産し、ふたたびイスラム諸国へ輸出しました。これがイスラムの人びとにとても好まれたのです。とくに複雑な幾何学文様の磁器は、偶像崇拝が禁忌《きんき》で抽象的な模様でないと不敬罪になるイスラム教徒の注文で特注されたと言われています。

景徳鎮などシナの窯元が生み出す陶磁器は莫大な利益をもたらし、海上交易ルートは「陶磁の道」とも呼ばれました。大元帝国の財政も潤したことでしょう。

余談ながら、イスラム教徒のこの嗜好は、こんにちも一貫して変わっていません。イスラム教徒はいまもラピスラズリ的な青色が大好きで、イスタンブルのトプカプ宮殿やアヤソフィア博物館（二〇二〇年に大統領令によりモスクに戻りました）には青い陶磁器の世界的なコレクションがあります。ここにシナ産の陶磁器が集まってきたことの原点には、シナと中東を結んだ海の道があったわけです。

この交易を機に、ヨーロッパでも磁器が好まれるようになりました。そしてヨーロッパでも磁器が生産されるようになり、東アジアから伝わってきた青い染付や多彩な赤絵などの技法をこちらもモノにします。そしてドイツのドレスデン地方のマイセンは十八世紀には世界最高の磁器の産地となったのです。マイセンには景徳鎮や近世日本の伊万里焼の技法が伝わってヨーロッパ初の硬質磁器が生まれたのですが、そのきっかけはモンゴルであり、イスラムだった、ということです。

これは私見ですが、宝飾品の好みは今も昔も東西で分かれるようです。東洋ではシナをはじめとして濁った玉《ぎょく》が好まれます。翡翠《ひすい》・珊瑚・トルコ石、そして真珠やラピスラズリなどですね。それぞれに色があることが特徴です。そして東洋の磁器は、これらの色を人工物で再現しようと努力し、発達してきたように思います。

いっぽうエジプトより西側、とくにヨーロッパでは、透き通った宝石が好まれます。ダイヤモンド、サファイア、ルビーなどでしょうか。これらを人工物で模したものとして、ガラス細工が発達したのだと思います。

日本人も、どちらかといえば透明なガラスよりも濁った玉の類《たぐい》を好むのではないでしょうか。私個人も、同じ金額を出すならダイヤモンドよりも真珠を選びます。

★アメリカがいま「モンゴル帝国」を研究する理由

世界史において一時代を築き、さまざまなものを遺したモンゴル帝国ですが、十四世紀に入るとほころびが目立つようになります。後継者をめぐって権力闘争が起き、民衆叛乱も頻発、帝国全体を襲った疫病《えき》（黒死病／ペスト）、さらに大元では黄河の大氾濫という天災に繰り返し見舞われます。黄河の氾濫は大規模な治水工事を必要とし、帝国の財政を疲弊させました。

とりわけ帝国東方の宗主国・元朝にとって決定的だったのが、一三五一年に起きた紅巾《こうきん》の乱でした。シナ北方の宗教秘密結社である白蓮《びゃくれん》教徒が信奉したのは弥勒菩薩《みろくぼさつ》を崇拝する浄土教系の宗教でした。白蓮教はイラン系のマニ教と混淆《こんこう》したため、善悪二元論・善と悪の対決、という終末論を持っていました。終末論は民衆叛乱と結びつきやすいのです（オウム真理教も、密教とアニメやSFなどのサブカルチャーを混淆した独自の終末論にもとづいてサリンテロをおこないました）。

紅巾の乱は各地の農民叛乱へと発展し、元朝にはもはやそれを抑え込む力がありませんでした。帝国の資金源だった江南の産業は衰え、塩の専売税も入らず、元朝はますます衰退に向かいます。

この機に乗じたのが、紅巾の乱のなかから出た叛徒の一人、朱元璋《しゅげんしょう》です。元軍との各地での争いに勝ち残った彼は、独立した部隊を率いて主力の紅巾軍とたもとをわかち、白蓮教の指導者を殺して、一三六八年には南京で皇帝に即位します。国号は大明、洪武《こうぶ》帝（太祖）、ひさしぶりの漢人の政権でした。

明朝の北伐《ほくばつ》軍は大都から元朝帝室を追い出し、これが元朝の終焉となります。帝室自体はモンゴル高原の本拠地に移って後裔政権の北元として存続しますが、キプチャク・ハン国（現・ロシア）、チャガタイ・ハン国（中央アジア）、イル・ハン国（現・イラン）などモンゴル帝国を構成した主要国がほぼ同時期に衰退・滅亡に向かいました。

だいぶあとにシナで明朝が滅んで、ふたたび狩猟民・女真人改め満洲人の清朝の時代になると、モンゴル高原自体が満洲人の支配下に置かれます。西側からはロシアが台頭し、東西から圧迫されたモンゴルはその後すっかり世界史から忘れ去られてしまいました。

ただし、先述したとおり、モンゴル帝国が後世に遺したものは少なくありません。先に述べたような、近代的な帝国主義支配システムもその一つです。

多数の異民族を力で抑え込むばかりではなく、ゆるく統轄して、交通網を整備して交易を盛んにし、税収を増やして国全体を富ませるという仕組みです。

二十一世紀になってからずっと、アメリカは対テロ戦争にかかりきりですが、アメリカの国際関係論・地域研究の学者たちのあいだで、モンゴル帝国の研究が急にトレンドになったことがありました。アメリカでは数少ないモンゴル研究者に、国家として多額の研究費が提供されるようになったのです。

第一章でも述べましたが、もともとアメリカでは他国の歴史に興味を持つ人があまりいません。ヨーロッパの歴史ならギリシアとローマくらいを勉強すればいい、英仏独の各国史はおろか、ローマ教会史や北欧史なども興味の対象外です。

ましてアジア史については、日本史やシナ史も含めてほぼ完全無視、「地域研究」（エリアスタディーズ）のなかで少人数でやっと研究されている印象です。

ところが、そのアメリカで、モンゴル史の研究が注目されているというのです。あの国のアジア史研究の不毛さを知っている者としては、驚くべき画期的なことでした。

発端は、ソ連による一九八〇年のアフガニスタン侵攻だったようです。これに対抗するには、イスラム教徒が大半を占めるアフガニスタンの人びとを味方につけなければならない。そこで、かつてこの地も支配したモンゴル人が、いかにして少数で多数の異民族・イスラム教徒たちを支配し、帝国を隆盛させたか、を研究し始めたのです。

ソ連が崩壊し、アフガンからソ連が手を引くと、中央アジアや南アジアは力の空白地帯となって不安定状態が続きました。これもアメリカの興味を引き続けます。CIAや国防系研究機関に中東研究者が増え、アラビア語学習が喫緊の課題とされましたが、そのいっぽうでモンゴル研究が続けられました。

こういうプラグマティック（功利主義的）なところは、じつにアメリカらしいです。目的がはっきりしている研究には費用を惜しまないのです。

もともとアメリカの研究者にはアジア諸語への情熱は低いです。漢字が苦手ですし（かたちはカッコいいというのでタトゥーにしたりするようですが）、ごく一部の研究者を除いては漢字や中国語を勉強しようとはしません。アメリカの大学にも漢語やシナ史のクラスはもちろんありますが、講師はほとんどアメリカに渡った中国人です。そもそもアメリカではほとんどの文献が英語に訳されているので、英語で何でも読めてしまうため、外国語を勉強しなければ、という意欲や切迫感に乏しいのです。そんな時間があるなら他の勉強に使うべきだ、というのがこれもアメリカ人のプラグマティズムでしょう。

じつは、戦後の日本は、自国のアカデミズムに対しても、このアメリカのような政策を真似してきました。限られた研究資金を複数の学問分野に均等にばら撒くのではなく、成果をあげそうなところに重点的に配分してきたのです。一見、合理的に見えますが、これが大きな弊害を招きました。

たとえばアメリカでは、大学教授の主たる仕事は、派手なプロジェクトを起ち上げて、出資者にアピールし、資金を獲得する、ということになっています。これでは研究ではなく営業ですね。

しかも、そうして研究資金を得られたとしても、派手なアピールを続けられなければすぐ資金は途絶します。こうした出資はあくまでも一時的なことで、けっして継続的に提供されるものではありません。

いっぽう研究というものは、真摯《しんし》であればあるほど、結果が出るまでに時間がかかります。一つのテーマに十年以上を要することもざらです。研究期間が長引くと、世間の関心も薄れ、資金も途絶えます。派手なアピールができないと、学者として評価されることも難しい。本当は優れた研究をしていても、アピールが下手だと評価されない。学問と実利主義というのは本質的に反りが合わない、ジレンマがあるのかもしれません。

日本はかつては目立たぬ研究や地味なテーマを長い目で見て評価することがありましたが、最近はアメリカ同様、「それは何の役に立つの」「コスパが悪いですね」といった批判が横行し、大学や学問の地位がどんどん低下してきています。

それはともかく、アメリカでのモンゴル帝国研究はまだ道半ば、です。それでも、モンゴル帝国がグローバリゼーションの先駆けだったことはアメリカでも認められつつあります。アメリカ人が「岡田史観」を理解するのもそう先のことではないかもしれません。

そしてもう一つ、アメリカは一九八七年にモンゴルと国交を樹立しました（当時の国名はモンゴル人民共和国。一九九二年よりモンゴル国に改称）。それまではソ連の弱小衛星国として軽視していたのですが、研究によって見方を変えたわけです。

ちなみに日本がモンゴル人民共和国と国交を樹立したのは、一九七二年二月で、なんと中国との「国交回復」（同年九月）よりも前でした。これは私のようなモンゴル研究者にとっては少しばかり誇らしいですね。

★「中華思想」とは〝漢字を読めるかどうか〟にすぎなかったのに

以上、モンゴル帝国の経緯をふまえて、あらためて中国（現代シナ）の話に戻りましょう。

一般にシナというと「中華思想の国」を連想する方も多いでしょう。少し詳しい方だと「華夷秩序《かいちつじょ》」とか「華夷の別」という言葉をご存じかと思います。

では「中華思想」とか「華夷秩序」とは何でしょう。

「中華」はシナの自称、それも美称です。同じものに「華夏《かか》」があります。こちらは古称で、華やかで大きいという意味ですが、古代シナの殷《いん》（商）王朝の前にあった最古の王朝は「夏《か》」だったこともあり、「中華」と同様、シナの自称・美称になっています。

「夷」は、異民族、つまり蛮族を指します。中華は四方を異民族の東夷《とうい》・西戎《せいじゅう》・南蛮《なんばん》・北狄《ほくてき》に囲まれている、これら「四夷」と「中華」とは弁別すべきで、その思想が「中華思想」、秩序体系が「華夷秩序」である、と説明されます。弁別する、とはひらたく言うと差別することで、中華が上、異民族は下、という絶対の序列があるわけです。

こうした自民族中心主義はシナ人に特有のものではなく、エスノセントリズム（自文化中心主義）としていろんな国・民族にあります。

この傾向は日本にももちろんあって、日本は「やまと」を自民族の自称とし、異民族を夷《い》狄《てき》・南蛮などと呼びました。大和朝廷が関東や東北に兵を送ったときの総大将を征夷大将軍と呼ぶのはこのせいです。この伝統は引き継がれ、鎌倉幕府でも室町幕府、江戸幕府でも、正式名称は征夷大将軍です。さらに、幕末に来航した外国人を「夷狄」と呼び、夷狄を排斥せよという思想「攘夷《じょうい》思想」は、幕府を批判する根拠となりました。こんにちの「平和」「人権」「護憲」思想が政権攻撃にしばしば使われているのを連想してしまいますね。

シナ史において、東夷は日本や朝鮮、西戎は西域、南蛮はカンボジアやベトナム、北狄は匈奴・鮮卑・契丹・韃靼《だったん》などの遊牧騎馬民族、と説明されます。しかし、「中華思想」「華夷秩序」が生まれたばかりのときは、そうではありませんでした。

古代シナの夏・殷・周などの王朝は統治した範囲も小さく、そのすぐ外は異民族扱いですから、単に生活形態が自分たちと違う四つの種族を指しました。つまり東夷が河北・山東などの平原の漁撈農耕民、西戎は陝西《せんせい》・甘粛《かんしゅく》の草原の遊牧民、南蛮は湖北・四川の山地の焼き畑農耕民、北狄は山西高原の狩猟民を指したので、日本やベトナムなどの遠方の異民族のことではなかったのです。

　そもそも「中華」であると胸を張る「夏」は東夷が北上して洛陽《らくよう》盆地に建国、「殷」は山西高原から南下して夏を滅ぼした北狄、殷を倒した周は陝西から東進した西戎だとわかっています。つまりどんな王朝ももとをただせば異民族だったのです。それがやがて「漢民族」として昔から文化を持っていた、と威張るようになりました。これもちょっとした歴史捏造ですね。

　では中華と夷狄を分ける「華夷の別」とは何か。

　それは、中華を名乗る人たちの「自分たちは野蛮人ではない、なぜなら漢字を使えるから」という自意識にすぎないのです。それ以上の中身はありません、その他の理屈は後世になって追加された粉飾です。

　漢字とは、話す言葉が違う異民族同士が、コミュニケーションをとるための手段として用いた表意文字です。商取引のために人びとは漢字を習得したのです。

　言葉の違う異民族がコミュニケーションをとるために共通の言語を用いることはよくあります。南洋の島嶼《とうしょ》の民がビジネスのために用いる簡単な英語「ピジン・イングリッシュ」が代表的です。アフリカ大陸ではスワヒリ語も民族を超えて使われますし、アラビア語もそうですね。台湾の山岳少数民族も共通の言葉がありませんでしたが、日本統治時代に日本語を教えられ、いまでも違う原住民（これは差別語などではなく台湾での正式呼称です）同士だと日本語で話す習慣が残っているそうです。

　それくらいの、いわば便宜的な記号にすぎなかった漢字ですが、「漢字を使えるのは文化人である証拠だ」といった価値がついてきて、その反動として「漢字を読めない者どもは野蛮だ」ということになっていきます。

シナでことさらに「中華思想」が強調され、異民族を差別するのは、歴史的に漢民族が弱体化すると、すぐに周囲の〝野蛮な〟異民族がプレッシャーをかけてきた、という嫌な民族的記憶があるからでしょう。言ってみれば、俺たちは文化的に洗練されているぞ（だから戦争には弱いけど、俺たちのほうが偉いのだ）、という負け惜しみを合理化したにすぎません。

本当に強い者ならば、わざわざ「中華」「華夏」などと声高に言いつのる必要はないわけです。

★東西ユーラシアに広がっていた〝非漢字文化圏〟

東夷・西戎・南蛮・北狄を野蛮人だと蔑んだのも、異民族の脅威を感じていた反動で、言葉による鬱憤《うっぷん》晴らしだったとも言えるでしょう。

隋・唐の時代にはこういう言い方はしていません。なぜなら、どちらも漢民族ではなく、北方の遊牧民（鮮卑）の末裔による王朝だからです。また、モンゴル人による元朝も、満洲人がシナに樹立した清朝も、大々的に中華思想を唱えることはありませんでした。いずれもその政権に力があり、漢字を使う使わないにかかわらず、周辺のあらゆる民族がひれ伏しているのですから、ことさらに偉ぶる必要はなかったのです。

ちなみに清朝の名君の一人である第五代皇帝雍正《ようせい》帝は、漢人の儒者から「夷狄」と揶揄《やゆ》されたとき、「私たちは夷狄の出身だが、こんなに立派に治世をしている。あなた方はそれでも軽蔑するのか。無能でも漢人の皇帝がいいのか」と言い返したそうです。真面目ですね。

この雍正帝は遠隔地の部下たちと手紙で通信し、毎晩四時間しか眠らずに報告書を添削して返事を書きました。四十五歳という遅い即位だったのですが、働きすぎたため即位後わずか十三年で亡くなってしまいます。

雍正帝が討論で華夷思想を論破したようすは『大義覚迷録《たいぎかくめいろく》』という著書にまとめられています。宮崎市定『雍正帝』（岩波新書、一九五〇年）がその真面目な賢帝ぶりを魅力的に描いており、ファンも多い皇帝です。日本では二〇二一年に、佐々木蔵之介さんが雍正帝に扮した『君子無朋（くんしにともなし）』という演劇まで上演されました。

満洲人（もと女真人）はもともと、正直で真面目な民族性を持っています。ものごとの考え方もまっすぐで合理的で、日本人とウマが合うと思います。

満洲語はアルタイ系言語で、文法は日本語と似ており、「てにをは」が単語の後ろにつく膠《こう》着《ちゃく》語です。文字は漢字とはまったく違う、読み音をあらわす表音文字を持っています。その文字はじつはモンゴル文字から借りたもので、モンゴル文字はチンギス・ハーンの時代に古代ウイグル文字から借りたのですが、そのもとはソグド文字、さらにそのもとはシリアのアラム文字、さらに遡ると、エジプトのヒエログリフに行き着きます。

ヒエログリフは絵文字ですが、同じ時期に、ヒエラティック（神官文字）と呼ばれる行書体も使われ、そこから草書体のデモティック（民衆文字）も生まれました。

シナイ半島でエジプト人に使われていた鉱山労働者が用いたシナイ文字は、文字の形はヒエログリフを起源としますが、すでに文字数三十に満たない子音だけで、これが西のほうに伝わって、フェニキア文字になりました。

フェニキア文字やギリシア文字やラテン文字（ローマ字）になりました。

フェニキア文字がインドに伝わってブラーフミー文字が生まれ、それがいろいろなインド系文字の母体となり、チベット文字も生まれました。

東のほうのシリアに伝わってアラム文字になったものが、前述のように中央アジアを経由して満洲文字になったのです。アラビア文字もアラム文字を起源とします。つまり、漢字を使わないから野蛮人というのは、本当に井の中の蛙《かわず》の考え方で、大きな誤りなのです。

満洲人はシナ支配を始めたあと、漢字を学んでバイリンガルになり、独自の文化を形成しました。清王朝は少数の満洲人が多数の漢人を支配し、さらにモンゴルまでも従えた多民族国家ですが、二百六十年にもわたって政権を維持し得たのは、モンゴルやチベットや新疆（今のウイグル）の伝統文化に寛容だったことに加えて、満洲人の真面目さがあったからでしょう。

しかし、その清王朝を継承したと主張する現在の中国は、あらためて「中華思想」を強調するようになっています。併合したチベットやウイグルを少数民族扱いし、「漢字もわからない野蛮人」と見下しているのがその最たるもので、そうした差別姿勢は世界のさまざまな人から批判されています。

ただ、当の中国人も、漢字を簡体字に置き換えた結果、昔の文献を読めなくなりました。皮肉な歴史のめぐり合わせです。

★日本人が事実を、シナ人が実利を追い求めるのはなぜか

先に述べたように、習近平の「一帯一路」構想がモンゴル帝国に範を取っていることは間違いありません。では、当のモンゴルに対して相応の敬意を払っているかといえば、それはまったくありません。歴史をつごうよく利用しようという意図はあっても、史実といまの国際関係とは完全に切り離して考えるのが現在の中国です。

さらに言えば、つごうよく利用するために歴史を改変・捏造することも厭《いと》いません。正確に記録する、事実を知るために努力する、といった学問的なスタンスではなく、ともかく利用できるものは利用し、自分の利益にしたい、儲けたい、という実利的欲求が圧倒的に強いのです。がむしゃら、貪欲、我利我利亡者、と形容したくなるところですが、これはまだ精神的・経済的な余裕を持てない社会だから、ではないでしょうか。中国は急速に豊かになりましたから、もう数年もすれば劇的に変わるかもしれません。

こういった傾向は、人種や遺伝によるものではありません。民族性というのも少し違うと思います。あくまでも環境的な要因が、このような行動パターンに結実しているのではないか、環境が変われば行動も変わるのではないか、と私は考えています。

現代中国はいまでも、政府にも頼れず、すぐ近くの人にも頼れない、酷薄で厳しい社会と言えます。とにかく自分の手で稼ぎ、自分の足で立たなければ生きてゆけない社会なのです。このような環境で育てば、実利主義一辺倒になるのも当然でしょう。

中国にも、真理を探究したい、社会に貢献したい、と思う人もいないわけではありません。余裕のある環境で育てば発想も変わってきます。

いっぽう、これと対照的なのが日本人です。真面目に真理を追究して、論理の筋道を通そうとする気質が強くあります。

これも、日本人のDNAが誠実さを伝えているのだとか、日本人が優秀だから、などといった理由ではないと思うのです。誠実さや正直さは遺伝するものではありませんし、優秀であるかどうかも時代時代の定義で変わるでしょう。

日本人が真面目な行動パターンを身につけたのは、真面目に暮らしたほうが幸せになれる社会にいたから、ということだと思います。社会だけでなく自然環境もそうかもしれません。日本は、真面目に田んぼの草を取れば、収穫がよくなる、といった正のフィードバックが得られる環境だったのです。どんなに努力しても水害・干魃《かんばつ》・蝗害《こうがい》（いなご）などが襲ってくるとしたら、誰も喜んでお百姓なんてやりません。

いささか余談ながら、ここにこんにちの歴史認識問題をめぐる根本的な齟齬《そご》があります。

日本が大東亜戦争（アジア太平洋戦争は戦後の呼称で、歴史的用語は大東亜戦争です）に敗北した際、大勢の民間人が満洲国やシナ大陸や朝鮮半島から内地へ引き揚げました。そのとき、侵略してきたロシア兵に襲われたり、現地の人にだまされたり、金品を奪われたり、傷つけられたりと、さんざんな目に遭いました。日本人はこれを「自分たちは過去に大陸や半島で悪いことをしてきたから、その報いを受けている」「自分たちは恨まれるだけのことをやった」と解釈しました。過去を振り返って、真面目にストイックに因果関係を探し求めたわけです。

しかし、それは根本的に間違っています。

あのとき外国人が日本人を叩きのめしたのは、日本人が大日本帝国政府という後ろ盾を失って弱くなっていたからです。いまなら何をしても抵抗されないし、自分たちの意のままになる。以前に何をしたかの因果関係などは関係ないのです。悪いことをしても、していなくても、襲われたのです。弱肉強食が当たり前の文化だからです。

それだけではありません。難民と化した敗戦国日本の人びとを襲った外国人たちは、あとになって、自分たちに有利なストーリーの歴史をつくりあげ、日本に「謝罪」を要求してきました。

史実ではないのに理不尽なことをあれこれ要求された日本はそれを真に受け、「相手がそこまで言うからには相応の事実があり、理由があるはずだ」と思って、疑うのは失礼だ、と謝罪してしまいました。考えるのもめんどうだからと一時の感情にまかせてさっさと謝ってしまうことも、ある意味、事実を軽んじる姿勢なのですが。

これが戦後の日中関係・日韓関係にありがちだったパターンではないでしょうか。

さすがに昨今は、真実がわかってきた日本側がその手の要求や訴えを相手にしなくなりました。それにともない、中国も韓国も攻め手を欠いているようです。

しかし、彼らはこれからも歴史に対する基本的な認識を変えることはないでしょう。「共通の歴史認識」「和解のための歴史認識」というものは、「いかにして自国が有利になる歴史を認めさせるか」というゲームでしかないのです。

★帝国支配のかなめ――新疆ウイグルの人びとをなぜ弾圧し続けるのか

日本人と外国人の認識の違い、という話を続けると、「ある土地を支配する」ということの意味も違っています。もともとシナで覇権や支配というと、城壁のある城（まち）を、一定距離に置いた駅（えき）でつなぐルート（みち）を押さえることを意味しました。これは、秦の始皇帝の時代よりも古くから始まった、シナの伝統です。

シナの覇権国による支配とは、一日で行ける距離に次々と駅をつくり、道路でつなぎ、中央の代官や軍隊をただちに派遣できるようにすることでした。

あるいは、その先々で漢字をはじめとする文明を伝える。そうすることで版図を拡大してきました。これは一種の同化政策で、「華化」「漢化」などと呼ばれます。

シナ文明の「漢字」は異民族間のコミュニケーションのために発達してきた、と前に述べました。しかし表音文字よりも数が膨大に多い表意文字を覚えなければならず、習得が難しい。たいへんな努力を必要とする、言い換えれば、強力な洗脳が必要な文明、ということです。シナ文明自体がきわめて強い帝国主義的な性格を持っていたと言えます。

シナ文明、漢字文化圏は漢代には朝鮮半島にまで延び、さらに日本に到達しました。

もっとも、拠点とルートを延ばすことが支配の要諦、というのはシナに限りません。ローマ帝国も、征服の基本は「まち」と「みち」を押さえることでしたし、モンゴル帝国がユーラシア大陸の陸路と海路を押さえたことは先に見たとおりです。

日本の江戸時代の街道や宿場町の整備も、似た発想です。交通インフラを全国に発達させ、大名に参勤交代という強制的な遠征任務（軍事行動です）を割り当てて、大名が払うコストで宿場や街道の維持費をまかないました。人びととの往来をコントロールすることで、その地域全体を実質的に支配できるわけです。

ただ、日本では「その土地の所有権を取る」ことがやはり重視されました。大名の支配地の大小が石高——米の生産高、つまり可耕地面積であらわされたのが典型的なように、農地を支配することこそが日本では絶対必要条件でした。これは大陸とはかなり違います。

世界史は、「まち」と「みち」の歴史である、と言えます。それを踏襲しているのが「一帯一路」構想です。

いまの中華人民共和国の最西端の新疆を経て、中央アジアからロシアやイラン、トルコへ至る、あるいはモンゴルからシベリアに至る舗装道路や鉄道を建設、チベット経由でインドやパキスタン、アフガニスタンに至る舗装道路も計画しています。海上では東南アジアやオーストラリア、さらにはギリシアの港の運営権まで取得しています。

新疆ウイグル自治区は、この「一帯一路」構想にとって、結節点となる非常に重要な場所にあります。中国が現在ウイグル人におこなっている政策は、イスラム教徒という異教徒への不寛容な態度、というより、ウイグル人絶滅政策としか言いようがありません。

先に「華化」「漢化」と言いましたが、現代では「中国化」と名前を変えて、チベット・ウイグル・内モンゴルなどで進められている、伝統文化破壊・中国文化強制政策に姿を変えました。かつては文明を伝える象徴だった漢字の伝播が、いまや他の文明の破壊道具に変質してしまっているのです。

昨今、やっと日本でも報じられるようになりましたが、実情はほとんど明らかにされていません。ほんの一部が世に出るようになっただけです。ウイグル人の人口八百万人のうち、ざっと百万人が収容所に送られました。「イスラム教徒＝テロリスト」という短絡的なプロパガンダのもと、ウイグル語を話す者、中国語の下手な者も犯罪者と見なされます。民族指導者が何人も何人も消息不明になり、あるいは処刑されました。外国留学を経験しているウイグル人は、ほとんど無事ではいられません。逮捕・収容されます。

これらの施策は、もともとチベット自治区で党委員会書記（実質的な自治区行政トップ）であった陳全国《ちんぜんこく》（一九五五－）によって実行されました。陳はチベットで警察官と監視システムを大幅に拡充し、危険分子・不満分子を徹底的に摘発する仕組みを開発しました。チベットでの弾圧が成功すると、陳は二〇一六年に新疆ウイグル自治区の党委員会書記に転身し、新疆ウイグル再教育収容所を拡充しました。

こうした中国のやり方に対して、海外からも批判の声があがっています。陳はアメリカ財務省から人権弾圧の実行者として「アメリカ国内の資産凍結、アメリカ人との取引禁止」の制裁を科されました。そのせいか陳は二〇二一年暮れに解任され、別の者が後任になっています。

しかし国際的な制裁措置はけっして全面的ではなく、日本を含めて批判の声はそう大きくありません。あれほど人権に敏感なヨーロッパの国ぐにも沈黙しています。まだ中国でひと儲けしたいと考える国・企業が多いのでしょう。これも「一帯一路」が成果をあげている、ということかもしれません。

★ハンバントタ港の「九十九年」と、香港の「九十九年」

前述のように、元朝は江南の港湾都市を押さえることで「海のシルクロード」を開きました。そしていま、中国は「二十一世紀海上シルクロード」の名のもとに、スリランカのハンバントタ港の運営権を確保し、インド洋に海路を開こうとしています。

二〇〇八年から港湾整備が進められていた同港は、二〇一五年に工事が一応の完成を見たのですが、スリランカ政府が資金難に陥り、中国からの借款でまかなった建設費用を返せなくなりました。そのため二〇一七年には、向こう九十九年の港湾運営権を十一億ドルで中国に貸し出す、という契約が結ばれました。スリランカ政府は建設費用の八五％を中国から借りており、その金利負担に耐えられなくなったとのことです。

いわば、中国は借金のカタに港を差し押さえたのですね。中国は日本で言うところの「貸し剝《は》がし」で利権を奪っていったことになります。

注目すべきは「九九」という数字です。即座に思い出すのは、香港が九十九年間にわたってイギリスに割譲されていた歴史でしょう。その意趣返しで、同じ年数にしたのかもしれません。

いや、もう一つ、シナ的な発想からの指摘があります。それは「九九」が、シナ語では「久久」と同じ発音だ、ということです。「久久」とは永遠、未来永劫を意味します。つまり、もう永遠に返さないぞ、という意味にもなるのです。

香港についてですが、一九九七年に中国に返還され、英国香港総督は植民地旗を降納し、ヨットで香港を去る、というセレモニーが挙行されました。しかし中国側はまさか戻ってくるとは思っていなかったのです。

しかしイギリス側はきっちり九十九年で手放しました。そしてイギリス人は、彼らしい〝嫌がらせ〟も施しました。それまで香港人には認めていなかった主権を与え、選挙を実施し、自分たちで政治をおこなえるようにしたのです。いずれも中国の権威主義とは相容れない〝爆弾〟でした。

また、日本では「香港返還」と報じられましたが、イギリスはそうは言っていないのです。「hand over」つまり「譲渡」です。香港がイギリスに割譲されたのは中華人民共和国からではなく、清朝からです。したがって、いまの中国に「返す」わけではない、という理屈です。

それならばあらためて譲渡などせず、持ち続けてもいいのではないか、というのが生き馬の目を抜く外交の場の発想になりそうなものですが……。じつは、持て余していたという話もあります。植民地経営はかつてほど利潤があがらず、経費ばかりがかかるのです。

イギリスは、こういう外交上の駆け引きにじつに長けています。戦略・戦術を練る知的ゲームの歴史と伝統を持っているからです。

香港では二〇一九年六月に激しい抗議デモが起きましたが、中国政府は厳しい弾圧で臨み、鎮圧しました。現在はデモや民主化運動は下火で、中国の支配がうまくいって香港人民の人権も骨抜きにされたかのように見えます。

しかし、これも途中経過にすぎません。イギリスはもっと深いところに〝爆弾〟を埋め込んでいったかもしれないのです。日本も、これぐらいの長いスパンで考え、実行できる戦略眼を育てることが喫緊の課題だと思います。

★アメリカが世界覇権を握った、世界史的に見て奇妙な理由

いまでこそ豊富な資金にものを言わせ、先進国も発展途上国も従わせて、二十一世紀の世界に覇を唱えようかという中国ですが、やがてその覇権も必ず行き詰まります。急速な少子高齢化、膨大な不良債権や隠し負債の顕在化、人件費の高騰による産業空洞化、深刻な環境悪化などなど、理由はいくらでも挙げられるのですが、もっとも重大なのは中国という国が信頼や尊敬を失っていっていることです。

これまで見てきたように「一帯一路」構想は、強引に進出先相手国をねじ伏せることもしていますが、やはり富の乏しい国への資金の貸しつけは喜ばれます。そして、モンゴル帝国の隆盛が証明するとおり、人流・物流のハイウェイが国ぐにを結ぶのはやはりよいことに違いないのです。「一帯一路」にはそれなりに、いえ、立派な理があるのです。ヨーロッパの先進国も、アジア・アフリカの発展途上国も、その構想にうなずき、参加してきたのは、買収されたとか宣撫《せんぶ》工作の結果だとかいうわけではありません。合理的な選択だったのです。

ただし、その合理性がいま揺らいでいるのです。それも、ほかならぬ中国自身のおこないで、その信頼が崩れかけています。

資本主義の基盤は相互の信頼です。リアルな実物の交換ではなく、想像上の概念で固有の物的価値を持たない貨幣を媒介として取引が成り立つのは、相手を信頼しているからです。あるいは、間に入る金融システムに信用があるからです。

ところが、中国は世界第二位の経済規模を持つようになったいまも、金融システムを恣意《しい》的に運用し、客観性が重要な種々のデータも信頼がおけないままです。中国経済が大きくなればなるほど、この信頼への不安も比例して巨大化します。

そして、強くなったと自信にあふれた中国人たち自身の行動が尊大になり、相手国を見下し、傲然とした差別的態度を隠さなくなってきました。これが中国の信用を傷つけています。

力関係に圧倒的な差があり、問答無用で相手を従わせられる状態でも、自己チュウな態度と強権だけでは相手はついてこないでしょう。国と国との関係は、どんなによく見えても結局は面従腹背《めんじゅうふくはい》だ、という意見もあります。そのとおりでしょう、日米関係だって、EUだって、どんなに結束が固く見えても、最後は自国を優先させるからです。自国が滅びても相手を助ける、ということは国際関係ではあり得ないのです。

そういうシビアな関係が基本の世界で、相手国の不興を買う、嫌われる態度を平気でとる中国は、子どもっぽいとすら言えます。ちっぽけな自尊心や低レベルの愛国心を露出して嫌われては、相手側もしらけてしまいます。支配されることにメリットがあると思ったから関係を結んだのに、暴君であることを隠さない相手の支配に甘んじるのは、ふつう耐えられないでしょう。

現在の中国と対照的なのが、第二次世界大戦直後のアメリカではないでしょうか。

アメリカはもともと孤立主義が国是《こくぜ》で、それまで世界の各地へ進出しようとか、いくつもの国ぐにを力で従えようなどとはしませんでした。第一次世界大戦には遅まきながら参戦し、圧倒的な戦力で戦争を終わらせるや、理想主義的な平和構想をぶち上げますが実現できず、自身が設立に尽力した国際連盟にも国内の反対のせいで加盟できず、超然と国際社会から距離を置きました。

アメリカがふたたび国際社会に割って入ったのは、第二次世界大戦が開戦して二年以上経ち、日本が真珠湾攻撃でアメリカに宣戦したときです。自国が攻撃されてやっと、戦争に打って出てよい、と国内世論が許したからです。

結果的にこのときが、アメリカという国のあり方が大きく変わる分岐点になりました。

第二次世界大戦がアメリカが参加した連合国の勝利に終わると、アメリカは二度とふたたび孤立主義になることはなく、国際連合（United Nations／大戦時の連合国そのまま）を主導し、枢軸国《すうじく》だった日独伊をはじめ欧州各地、また大日本帝国領だった韓国に積極的に進駐・駐留しました。

以来、アメリカ軍は世界各地への駐留・展開を絶やしていません。南ベトナムのように負けて撤退することも、あるいはフィリピン、サウジアラビア、アフガニスタンのように戦略的に撤退することもありましたが、戦力の届かない空白をつくることはしていません。主要な仮想敵が共産圏からイスラム原理主義勢力、北朝鮮、中国と変遷しても、一貫していつでも戦える姿勢を崩しません。

アメリカ軍が最大の在外兵力を置いているのは、ほかならぬ日本です。五万五千人という兵力は、ドイツとイタリアへの駐留兵力を足したより多いです。太平洋戦争でがっぷり四つとなって死闘を繰り広げた相手国ですから、いまも監視をゆるめない……というのでは、どうもないようです。

というのも、アメリカ流の占領（軍事的支配）は、圧倒的な軍事力もさることながら、豊かな物資をともなった資本主義と、非常に独特なアメリカ流人道主義・民主主義のセットでできているからです。このどれもを欠かさず、占領地に押しつけたのです。

★「一帯一路」を「八紘一宇」と比べてみると

とくにアメリカの人道主義・民主主義は他の国ぐにの支配とはまったく違っており、「自国の国民に適用される人権を占領国の国民にも認めたい」という奇妙な善意が根底に流れています。

とくに敗戦後まもない日本への進駐では、初期には共産主義者が多かったと言われるGHQ指導部の日本弱体化政策などとは別に、ふつうのアメリカ兵は、経済封鎖と空爆でボロボロになった日本社会に対して「もっと人間らしい環境にしてあげたい」と過剰な善意でもって接してきた面がありました。もちろん兵隊の軍事占領ですから暴力やレイプなどの無法もあったのですが、旧満洲国で起きたソ連軍のそれとはまったく違いました。そして掠奪などの収奪はせず、反対にララ物資などアメリカ本国から慈善活動を施してきました。

日本はこれらの善意・人道主義・民主主義を、暴力による軍事占領とともに押しつけられた側でしたが、ほとんど反発せず、積極的に受け容れました。アメリカ軍と占領国との関係とは韓国、南ベトナム（当時）などの例でも似た傾向で、近年のイラクやサウジアラビアでは現地のイスラム法や男尊女卑の道徳観を刺激しないよう気を使ったりしています。ソ連の東欧侵攻やアフガン侵攻、中国のチベット・新疆侵攻、北ベトナムの南ベトナム・カンボジア侵攻などと比べると段違いです。軍とは暴力装置ですから基本的には歓迎されるはずがないのですが、アメリカ軍は世界史的に見ても変わっているのです（もっとも日本では、日米地位協定が米国有利のまま改定されないといった問題が残っているのも事実です。やはり史上最大の敵であり、異人種だったことの影響は残っているのかもしれません。一九四六年に日本国憲法を押しつけたことや、一九四七年十月に十一宮家の臣籍降下を命じて、日本の皇室が弱体化する時限爆弾を仕掛けたこと等々は、別に論じなければなりません）。

こうした独特な占領統治の姿勢で、アメリカは自由主義陣営の先頭に立ち、積極的に世界覇権に乗り出しました。覇を唱えるだけではなく、それを維持し、支持され、なおも世界をよくしようとし続けているのです。誰に頼まれたわけでもないのに。

本当は、アメリカと同じく徳を積み、善を施す統治をしてきたのは、シナの歴代王朝なのです。為政者は天命に従い、徳の高い政治をおこなうべきだ、との儒教の教えを制度化したのが「冊封体制」です。紀元前の漢代からつい百年ほど前の清朝まで続いたシステムでした。

周辺国に忠誠を誓わせ、周辺の君長たちは皇帝に貢ぎ物を奉る（朝貢する）わけですが、その支配は緩慢で寛容です。友好国として振る舞うことを期待するだけで、貢ぎ物に対しては必ず何倍もの返礼を与え、帝国の経済から見ると赤字でした。朝貢する側に大きなメリットがあったので、積極的に帝国の華夷秩序に従い、漢字文明圏も拡大しました。

このシステムがもっともうまく機能したのが清朝の時代でしょう。シナ最後の王朝です（実際は民国も人民共和国も王朝なのですが、ここでは措《お》きます）。多数派の漢民族ではなく、少数派の満洲人による統治でありながら二百六十年あまりも続いたのは、国内も国外も圧政で押さえつけたり、恐怖でおびえさせて支配したからではありません。従う側がメリットを享受していたからです。

こんにちの中国の「一帯一路」構想や、ヨーロッパ各国への中国経済圏参加の勧誘も、最初はたいへんメリットの大きな話でした。相手国はどこも魅力を感じていたはずです。

近代的な経済の関係ですから、帝国と朝貢国との関係とは違いますが、ドイツの対中姿勢などを見ると、やはり「与えられる側」ということが態度に出てくるのですね、少しずつ中国に対して姿勢を低くし、媚びるとは言いませんが、嫌われないようにし始めました。

ところが中国がそれに乗じて、尊大になり、優越感を隠そうとしなくなると、だんだんと事態は変わってきます。

国同士のトップの関係もそうですが、旅行者や観光客と地元民、といった卑近なレベルにも中国の態度変容が反映してきました。

ずっと以前、日本が経済大国になったと鼻高々だった頃は、日本の観光客が世界の観光地に行くと「コニチワ!」「ヤスイデスヨ」と片言の日本語で声をかけられました。いま私たちが同じ観光地を歩くと「ニーハオ!(你好・こんにちは)」「ファンイングァンリン(歓迎光臨・いらっしゃいませ)」「プーハオイースー(不好意思・すみません)」などと言われます。東アジア系の相手にはとりあえず中国語で話し掛けるのが合理的だ、というふうに変わったのです。

しかし、地元民には何かストレスが溜まっているようです。すれ違いざまに「チノ!」と罵声を浴びたり、理由なく帽子を触られるといった無礼なことも起きるようになりました。

どうも、中国人観光客の態度が、世界各国の地元民に快く思われていないようなのです。お店のキャパシティを超えた数で訪れる、騒ぐ、客席や通りを汚す、カネにあかせて飲み食いして残す、といった気持ちよくない客が次から次に訪れる。これではさすがに観光客で食べている人たちもうんざりです。とくにヨーロッパの観光地では中国人が嫌われる反面、こちらが日本人だとわかると態度がコロッと変わることもしばしばです。

どんなに経済的メリットがあっても、カネで頬っぺたを張るような態度ばかりをとられると、相手のことを好きではいられなくなります。人間の感情というのは素朴で、やはり強いものです。時に経済合理的な判断を超えます。

アメリカ人はヨーロッパ人ほど旅行が好きではないのか、それほど観光客を見かけませんね。

たまにいると、身体が大きくややガサツですが明るく、田舎者扱いというか少し軽んじられることもありますが、けっして地元民から嫌われたりしないようです。困った人や憐れな人への同情心は人一倍豊かですし、敬虔《けいけん》な宗教心の持ち主も多い。

中国人も非常な速さで学習し、洗練されていっているので、けっしていまのままではないと思います。私たち日本人よりずっと海外経験を積んで、物慣れた旅人が増えているかもしれません。しかし、アメリカ人の素朴さや善意、人の好さに相当するもの……度量とか器量とかでしょうか、そういったスケールになる可能性はあるのでしょうか。

こんなことを言うと、「太平洋戦争を起こす前の日本人もいまの中国人と同じだったのではないか」と反論されるかもしれません。たしかに戦前昭和の日本人は、日本の長い歴史上最高に、旺盛な対外進出意欲を持ち、アジアのリーダーという自覚にめざめ、自尊心にあふれていたと言えます。

ヨーロッパ各国の植民地だった東南アジアに進出しましたし、清帝国崩壊の空隙《くうげき》を縫って満洲国を建国しました。ついには大東亜戦争を始めて各地を戦場にしました。

そのスローガンとなったのが「八紘一宇《はっこういちう》」です。漢籍ではなく『日本書紀』から取った言葉で、〝天皇を中心として一体となった世界〟を意味します。これは客観的に見ればかなり宗教的な言葉で、現代だと「他宗教の信者や他民族に配慮が足らないのではないか」と言われるかもしれない、強烈で独善的な概念でした。

しかしそこには「アジア発展に尽くしたい」という並々ならぬ善意がありました。アジアのリーダーとなったからには責任を果たさねば、という意識（ノブレス・オブリージュ）が国を挙げてあったはずです。

もっとも、善意や志があればいいというわけではありません。現地の実情もわかっていませんでしたし、指導者が戦術や戦略を誤った大日本帝国は結果的に失敗し、戦争に負けて尻尾を巻いて日本列島に帰ることになりました。

「アジア太平洋戦争」はアジア各地、とくにシナ大陸に大きな傷痕を残し、多大な迷惑をかけてしまいました。とりわけ日本陸軍が補給を軽視し、食糧を現地調達としたことは大問題でした。作戦実行する部隊が必ず民衆を掠奪することになってしまい、非常に多くの犠牲者を出したと言われています。これは大日本帝国がどんなに善意をもってあの戦争を始めたとしても、弁解の余地がない悪行でした。

けれども私は、ほとんどの資料が「シナ大陸の民間人死者数が一千万人以上」と書いていることには疑問を持っています。シナ大陸には戸籍がありませんでした。たとえば満洲は、日本の敗戦後の国共内戦の四年間に多くの死者を生みました。日本軍が食糧を現地調達したせいで一千万人以上が餓死した、という説は、戦争の被害者はすべて日本軍のせいだという主張にもとづいているわけで、史実と認めるには無理があります。

★歴史的真実と「よい歴史」を、私たちは武器とすべき

日本人は毎年八月になると太平洋戦争の反省をする習慣がありますが、空襲や原爆、特攻や

玉砕でひどい目に遭った、という被害者意識に偏りがちです。世界史的な発想で戦争の実態を語ることは、個々人にとっては非常に難しいことです。先の戦争については、真相と言われるものが明らかにされ、責任が追及され、批難を受けて反省もしてきました。けれども、そもそも言説は、それぞれの人の立場や国によって見方が異なります。片方の立場からしか見ないのは、異なった意見を精査して事実関係を明らかにするというプロセスを省略していることになり、「悪い歴史」にほかなりません。

第一章で述べたように、「よい」「悪い」は、道徳的価値判断とも、功利的価値判断とも関係がありません。歴史は法廷ではありません。ところが、国民国家同士が自分の立場を有利にしようと主張し合うことが歴史だと、みんな間違って考えているのです。

歴史家のめざすものは、歴史的真実だけです。「よい歴史」とは、史料のあらゆる情報を、一貫した論理で解釈できる説明のことです。

「悪い歴史」は現実を見る目を濁らせます。アジアの日本軍被害者にきちんと謝ることもできませんし、むしろ見くびったり、「日本は優秀だった」「日本軍はよいこともしたんだ」と自己正当化に走ったりします。中国の「一帯一路」構想に対して、どうせたいしたことはできないだろう、と高をくくってきたのも、「悪い歴史」の副作用かもしれません。

その結果、ついつい中国の「悪い歴史」「悪い覇権主義」の台頭を許してしまった、という面があります。経済的に後《おく》れを取った、ということが悪いのではありません。「よい歴史」を私たち自身がないがしろにした、その結果がいまめぐってきたということだと思います。

中国の「一帯一路」はいつか頓挫《とんざ》するでしょう。それが早期に行き詰まって失敗するか、いったん成功しても遠い将来その維持ができなくなるか、の違いはありますが、わりと早く結果が出るのではないかという気がしています。

またロシアのウクライナ侵略も、そう先のことではなく結果が出るはずです。こちらの頓挫は着々と近づいている証左があるからです。

しかし、前に触れた「サラミ戦術」を思い出してください。中国もロシアもこれが得意です。少しずつ取り分を主張して、もともとゼロだったものがたとえ一パーセントでも余分に取れれば、それはゼロよりも成功なのです。中国人もロシア人もそう考えます。

「特別軍事作戦」や「一帯一路」が頓挫して、当初の大風呂敷が破綻したとしても、失敗とは考えません。当初予定していたその一割、いや五分でも、獲得できれば、ロシア・中国にとっては上等なのです。そういう発想をする人間の大集団が、すぐ隣にいるということを、日本人は現状と歴史の両面からもっと学ぶ必要があります。

第五章

ロシア、中国はモンゴル帝国の呪縛から解放されるか？

★モンゴル語の「勅令」がロシア語では「荷札」へと変わってしまった

最後の章ではふたたびロシアに戻って、ロシアとは何かが少しでも理解できるようになるための歴史や文化の話をしたいと思います。

ロシアがモンゴルの支配を脱したあと、どのように大帝国になっていったかの歴史は、世界の他の地域とは非常に異なっています。日本の西洋史学科ではロシア史を教えない、と最初に言いましたが、私も、モンゴル史との関連がたくさんあるので、これまで長いあいだいろいろな本を読み、史料を渉猟《しょうりょう》していますが、いまでもわからないことがたくさんあります。

たとえば、ロシア語にはモンゴル語に起源のある語彙がいくつもあるのですが、その意味がすっかり変わってしまっている、という謎があるのです。

十三世紀のモンゴル帝国時代、チンギス・ハーン一族の君主（ハーン）が出す命令を「ヤルリク」（トルコ語）または「ジャルリク」（モンゴル語）と言いました。漢語では「勅」と書きます。

十三世紀中葉、チンギス・ハーンの長男ジョチ家のバトゥが、ルーシ支配の本拠地としてヴォルガ河畔にサライという町を建設しました。サライには、東方の元朝から、あるいはペルシアのイル・ハン朝から、ルーシ諸都市から、多くの商人がやってきました。

ヴォルガ河畔の黄金のオルド（ゾロタヤ・オルダ）の支配層はイスラム教徒になり、ペルシア語やアラビア語で文書が書かれました。それでも、元朝で使われていた、古代ウイグル文字から借りた縦書きのモンゴル文字で書かれた文書も見つかっていますし、トルコ系のタタール語をアラビア文字で書いた文書も残っています。

黄金のオルドでも、ヤルリクという言葉は、君主の勅令という意味で使われていました。十四世紀末に、黄金のオルドの君主からクリミア半島に住む同族に出した、アラビア文字のトルコ語で書かれたヤルリクが残っています。

ところが十五世紀頃には、君主からの勅令だけではなく、東西の遠隔地の商人が取り交わした文書も、ヤルリクと呼ばれるようになっていました。重要な商取引が書かれた文書だったからでしょうか。立派な文字で書かれた手紙をヤルリクと呼ぶのだと誰かが考えたのか。それとも、黄金のオルドが分裂して君主（ハーン）がたくさん生まれたから、君主でない人の手紙もヤルリクと言われるようになったのか。だんだんとヤルリクのもとの意味が忘れられていったようなのです。

十六世紀のイヴァン四世（雷帝）の時代に、ロシアはようやく国としてのまとまりができます。この頃はまだロシア語の正書法も決まっておらず、ロシア語の単語には、ギリシア語・ラテン語由来のものと、モンゴル語・トルコ語由来の言葉が入り交じりました。

十七世紀にコサックたちがシベリアに進出したあと、ロシア語の「ヤルリク（ярлык）」は「荷札・貨物票」の意味になっていました。いまのロシア語辞書にもちゃんと出ています。

十三世紀には「君主の勅令」だったのに、それがなんと「荷札」「タグ」……なんという価値の低下かと、モンゴル史を研究している私などにとっては、かなりショックを受ける事実です。

もう一つ例をお話ししましょう。

十七世期以来シベリアにやってきたコサックたちは、原住民から「ヤサク」と呼ぶ毛皮税を徴収するようになります。この「ヤサク」というロシア語も起源はモンゴル語で、十三世紀にはチンギス・ハーンの出した法律のことを「ヤサ」（トルコ語）・「ジャサ」（モンゴル語）と言いました。モンゴルではその後も「ジャサ」は法律、統治という意味に使われ、十七世紀のモンゴル語でも「ジャサク」は統治する人という意味です。

十七世紀に南北モンゴルを版図に入れた清朝では、領地・領民を持つ部族長を「ジャサク」（漢語で「旗長」）に任命しました。現代モンゴル語でもジャサクは政府・政権・政治のことで、権力者・支配者をジャサクチと言います。

時代を経たとはいえ、どうしてロシア語だけがこれほど意味が変わったのか、不思議なのです。何語であろうと、権力と関係する言葉はある種のタブーをともなうため、そうそう粗略には扱われないと思うのですが。

★ロシア農奴制の謎——近世にやっと成立したのはなぜ？

先に、モンゴル支配以後のロシアの歴史は、どんなに本を読んでも、簡単には説明できない、と述べました。

ただし、日本人学者にもしっかりした研究をなさっておられる先生方がいて、おおいにヒントをくださっています。

中世ロシアについては、栗生沢猛夫先生のご研究を、私はずっと信頼して頼りにしてきました。また、ピョートル大帝の西欧化政策については、土肥恒之先生のご研究をいつも参考にしています。両先生とも、『ロシア史』（和田春樹編・新版 世界各国史22、山川出版社、二〇〇二年）に執筆されていますので、お二人とも他にも学術書はいろいろ刊行されていますが、本書では、このなかから文章を抜粋して引用させていただきます。

まずはじめに、私がロシア史でおおいに謎だと思っているのが、ロシアに農奴制が誕生したのが十七世紀中葉、一六四九年だということです。

こんなに遅く？　遅いということは現代に近いということです。十七世紀といえば日本では徳川時代前期です。同時期のイギリスでは清教徒革命が起き、フランスではルイ十三世の絶対王制が確立しています。新大陸アメリカへの移民も始まります。西欧で近代が準備されるのが十七世紀なのです。

イヴァン三世の時代、一四六〇～八〇年代に、モスクワはヤロスラヴリ、ロストフ、トヴェーリ各公国それに大ノヴゴロドなどを併合し、北東ルーシの統一が大きく進展する。「ルーシ」はこれ以後しだいに「ロシア」と呼ばれるようになり、モスクワ大公国もロシア統一国家へと変貌していく。

（栗生沢猛夫、前掲書PP．101－102より要約）

モスクワ大公は、イヴァン三世の時代からときに「ツァーリ」を自称し始めるようになる（宮脇註：公式的採用はイヴァン四世のとき）。イヴァン三世は「全ルーシの君主《ゴスダーリ》」と称するようになる。この頃、貴族ですら大公の「奴隷」と見なされた以上、農民や都市民がそれ以上に隷属的な存在だったことは言うまでもなかった。一四九七年の法典《スジェブニク》では、農民の領主地からの退去は秋のユーリーの日（十一月二十六日）の前後各一週間に制限された。農民はその後しだいに領主権力のもとに緊縛され、やがて十六世紀末から十七世紀中ごろにかけて本格的な農奴制の成立をみることになる。

（栗生沢猛夫、前掲書PP．105－6より要約）

シベリア進出はロシア国家の外的発展を象徴する出来事であったが、内的にはロシアはむしろ困難に直面していた。それはイヴァン治世最末期に農奴制への傾斜というかたちであらわれた。かくて政府は農民に認められていた移動の権利（「ユーリーの日」の規定）を撤廃し、農民を土地と領主に緊縛しようとした。一五八一～八二年が「禁止年」と定められ、移動が禁止された。この禁止令はおそらく地域的に限定されていたのが、毎年くり返されるあいだに、しだいに一般化されたと考えられる。この体制が完成するのは一六四九年の法典《ウロジェニエ》において時効（逃亡農民にたいする追及期限）が完全に撤廃されるにおよんでのことである。

（栗生沢猛夫、前掲書ＰＰ．118－19より要約）

一六四九年一月に発布された「会議法典」第十一章「農民裁判について」は、逃亡農民の捜査期限が撤廃され、今後逃亡農民を隠す者には高額な罰金が定められた。つまりこれによって農奴制つまり農民の土地緊縛が完成、このとき農奴制が確立した。これはもとより旧来の規定の集成で、半世紀後にはすでに時代遅れになったが、形式的には一八三五年一月まで効力を有した。

（土肥恒之、前掲書Ｐ．146より要約）

農奴制はロシア史を特徴づけるものです。ツァーリの支配体制とロシア正教の権威がロシア帝政の上半身だとしたら、下半身は農業生産力を支えた農奴制だと言えましょう。

しかし栗生沢・土肥両先生からの引用によると、つまるところ、農奴制は一六四九年に正式に開始されて、一八三五年に廃止されたのです。

農奴制が確立したのがそれほど遅いとは、みなさんご存じでしたか？　とくに、世界で初めての社会主義国家・ソ連をつくるバックボーンになったマルクス主義をご存じの方は、違和感を持たれなかったでしょうか。

マルクス理論の骨子である発展段階説から言っても、革命のたった二百数十年前に農奴制が確立し、九十年足らず前に廃止されたなどとは遅すぎます。本当に変ではないですか？　ものすごくいびつな発展ではないですか？

マルクスが発展段階説の前提にしていたのは、資本主義が十分に発達し、その弊害が明らかになりつつあった西ヨーロッパの工業国・先進国です。農奴制つまり奴隷制は、資本主義の前の段階である封建制の時代よりもさらに時代を遡る生産システムなのです。西欧はずっと昔にここを通過していた。だからマルクスも革命は資本主義が十分に発達してから、と考えていたのです。

ロシア史は、西欧の歴史の歩みとは非常に隔たりがあることが、ここからも明らかです。

★コサックは〝逃亡農奴〟ではない
――プーシキン「プガチョーフ叛乱史」に描かれた姿

ロシアの偉大な作家・詩人のアレクサンドル・プーシキン（一七九九－一八三七）は、父親は由緒ある家柄のロシアの地主貴族ですが、母方は貴族ではありません。母親の祖父アブラム・ガンニバルは、ピョートル一世の寵愛《ちょうあい》を受けたエチオピア出身の黒人奴隷上がりのエリート軍人でした。つまり、プーシキンには八分の一黒人の血が混じっていることになります。

彼の有名な小説『大尉の娘』は、イェカテリナ女帝時代の一七七三～七五年、ヤイク河とヴォルガ河一帯で起こったプガチョーフの乱を題材にしたものです。プーシキンは、この小説を書くために、自分自身で草原のコサックに関する非常に優れた研究をおこないました。彼の長大な研究「プガチョーフ叛乱史」が『プーシキン全集』（川端香男里・米川哲夫訳、河出書房新社、一九七三年）に収録されています。これを見つけたとき私は感動しましたが、知っている人は多くないと思います。

コサックについては、すでに第二章で述べていますが（P71）、これはポーランド語から英語に入った言葉で、ロシア語ではカザーク、語源はトルコ語のカザフと同じで「自分の部族から分離して自由行動をとった人びと、冒険者の生活を営むに至った者」という意味です。

プガチョーフはドン・コサックですが、ドン河というのはアゾフ海に流れ込む河で、かつてハザル帝国の領土でした。十一世紀には中流から下流域に遊牧民のポロヴェッツがいました。そして十三世紀にモンゴル軍が侵入して、この地域は町も草原もすべてチンギス・ハーンの長男ジョチを祖とする黄金のオルドの支配下に入りました。第二章で述べたとおりです。

ドン河は、ロシア領ですが、いまのウクライナの領土に一番近いところを南北に流れる河です。中流の湾曲した部分でヴォルガ河に近づきますので、いまではここに両河をつなぐ運河が築かれています。ヴォルガ河とはヴォルゴグラード（旧名はツァリツィン）の南でつながっています。

プガチョーフは、ドン河からはかなり離れた場所のヤイク・コサックたちに偽のピョートル三世として担ぎ上げられ、首謀者となって叛乱を起こしました。ヤイク河は、ヴォルガ河を越えたさらに東にある河で、ヴォルガ河と同じくカスピ海に流れ込んでいます。イェカテリナ女帝は叛乱鎮圧後、この乱を思い出すのも嫌だと、ヤイク河をウラル河と改名しました。

プーシキンはまずヤイク・コサックの歴史的はじまりから説き起こし、モスクワの官署の命令に従って軍役を果たすようになる次第を述べます。

首謀者のコサックたちの描き方は、さすがに小説家の手になる面白いものです。ヤイク河とヴォルガ河の流域一帯を暴れまわった叛乱の記録は殺伐としており、叛徒たちはいとも簡単に敵を処刑しますし、ロシア側の町（砦あるいは城塞）を守る将校も、叛徒に容赦しません。結論で、プーシキンが述べるのは、「（ロシア側の）中級の官等にあったドイツ人は全員、立派に自分の仕事をなしとげた。しかし、准将と将軍の官らにあったものは全員、その行動が弱々しく、臆病で、熱意に欠けていた」と、ロシア人の責任者が無能だったために叛乱の鎮圧に手間取ったと、厳しい評価をくだしています。

「プガチョーフ叛乱史」で開陳されるプーシキンのコサック研究は、当時のロシアがどのような社会だったかを描き出す、非常に優れた史料です。

コサックたちは、モスクワの命令で軍役につくようになったあとも、自分たち内部の統治には、原初的形態をそのまま残しており、権利は完全に平等で、住民の選出するアタマン（百人隊長）のもとでの住民総会では、一人ひとりのコサックが自由な発言権を持ち、すべての社会の問題が多数決で決定されました。同じ箇所の注記には、「ウラル（ヤイクからすでに改名されています）・コサック軍団は、すべてのコサックと同様、国に税金を納めていないが、軍役を負っていて、どんなときでも要求に従ってただちに、服装と武装を整えた騎馬の兵士を一定数、自費で提供する義務がある」とあります。

プーシキンが研究を発表した当時はすでに、ロシアにおけるコサックは全員、特別の軍事身分をなしていて、一定年齢に達した者は軍役勤務についていました。その場合、乗馬・被服・個人使用の武器は自費で用意しなければなりませんでしたが、その代わり、これから述べる漁業権などが与えられたのです。一定年齢以上の者は退役し、このときに漁業権も失いました。

　プーシキンの膨大な注のなかで私がとくに注目したのが、この漁業権なるものです。以下に引用をします。

（略）漁業は、この地の住民（宮脇註：コサック）のもっとも主要な、しかもほとんど唯一の富の源泉をなしているからであり、また、さまざまな漁のやり方が、きわめて興味深いものだからでもある。

　もっとも主要な漁は、軍団事務所が決める指定日以前に漁を始めることが厳禁されている。漁はすべて、軍団事務所が任命したアタマンの指揮下でおこなわれる。

（冬の銛《もり》漁は）定められた日時に、ウラル河に銛漁アタマンと銛漁の権利を持つコサック全員が集まる。どのコサックも馬一頭に引かせた一人用の橇《そり》に乗り、鉄梃《かなてこ》とシャベルと数本の銛をたずさえている。集合地につくと、アタマンと、そのそばに数人の騎馬のコサックが前方に立つ。そのうしろに数千人の出漁者が何列にもなって並ぶ。

　合図とともにアタマンが橇に乗って全力で馬を走らせると、そのあとを、集まっている全員が追って走る。漁に指定された場所に着くと、全員が橇を降り、めいめいが大急ぎで氷に小さな穴をあけて銛を入れる。銛漁には境界が決めてあり、それより先には誰も入ってはならない。

セヴリューガ（宮脇註・チョウザメ、その魚卵がキャビア。魚卵はロシア語でイクラ）を捕る春の流し網漁も、日が定められ、漁のために選ばれたアタマンには大砲が与えられ、その発射を合図に、集まったコサック全員が一人乗りの荷舟でこぎ出し、各自一定の長さの網を入れるのである。
秋の流し網漁では、一つの網を二人のコサックが荷舟で両側から引くが、これもアタマンの指揮のもと、定められた境界線から始められ、各人が他の人よりたくさんの魚をとらないように、網の長さは決められていた。

（前掲書「プガチョーフ叛乱史」原注 pp.332 - 338 より抜粋）

遊牧生活をやめ、ウラル河やヴォルガ河やドン河沿いに定住するようになったコサックは、今度は漁撈民になりました。草原の遊牧民たちは、野獣を狩るために集団で囲んで巻狩をしましたが、コサックたちは、それと同じ方法で大河で漁をしたのです。そのことが、プーシキンの労作ではっきり知られます。これほど統率がとれ、高い士気を保っていたコサックたちが、なぜ〝逃亡農奴〟などと浮浪民のように言われたのでしょうか。実際、彼らがイキイキと働くさまをこうして読むと、逃亡農奴などではないことが一目瞭然なのに。

★強力なコサック兵力を欲したロシア——コサックの歴史的扱いの変遷

なぜ、コサックはこの颯爽とした姿を歴史から葬られ、逃亡農奴の集まりとされたのでしょうか。もう一度『ロシア史』の土肥恒之先生の記述を注意深く読んでみましょう。コサックにはコサックの事情が、ロシア政府にはロシア政府の事情があったことがわかります。そして、度重なる叛乱の事情と、そのあとの扱いについても気をつけてみてみましょう。

ドン・カザーク（宮脇註：コサックのロシア語読み）は十六世紀なかばに発生した自立・自主の軍団である。ツァーリ政府から委ねられたクリミア・タタールにたいする国境警備の代償として、穀物・塩・ラシャ布・火酒《ウォツカ》などの提供を受けており、また牧畜・漁業にも従事していた。だが彼らの生業は略奪遠征であった。大小の集団で黒海やカスピ海の沿岸にある町や村を攻撃して、貴重品を持ち帰り、平等に分けたのである。犠牲者も少なくなかったが、そのぶん分け前はふえた。したがって彼らは乗馬に優れ、巧みな船乗りでもあった。そしてすべての懸案は本部の全体集会で決定されたのである。

（略）

一六四八年、ドニエプル河流域のカザークたちがポーランド国王にたいして反旗をひるがえした。ポーランド貴族たちによるウクライナ農民の抑圧、カトリックによる正教会の差別、登録カザーク（俸給を受けて国王に仕えるカザーク）の削減などが反乱の原因だった。首領（ヘトマン＝宮脇註：トルコ語のアタマンのこと）ボグダン・フメリニツキーはモスクワのツァーリの支援のもとに、独立したカザーク共和国の樹立をめざしたのである。

しかしモスクワのツァーリ、アレクセイは慎重であった。カザークの支持はポーランドとの戦争を意味したが、ロシアにはその力がなかったからである。彼がカザークの支持に踏み切ったのは一六五三年二月のことであり、これには正教会、とりわけニコンの総主教就任が大きかった。翌年フメリニツキーはウクライナにたいするツァーリの主権を認め、忠誠を誓った。こうしてロシアはポーランドとの十三年戦争に突入したのである。

（略）

ポーランドとの戦争が始まり、財政難に陥ったロシア政府が銅貨の鋳造をしたり、臨時税を導入したりしたため、農村は疲弊した。農民たちは危機から逃れる古来の方法に頼るしかなかった。つまり村をあげての集団的移住である。もとよりそれは不法であり、一六四九年の法典は彼らを「逃亡農民」として無期限の捜索・送還の対象としていた。にもかかわらず多くの農民が難を逃れて、南部や南東部の肥沃《ひよく》な地方へ移住した。一六五〇年代後半には逃亡農民はそれまでの四倍に達したと推測されている。なかには農業に見切りをつけて、ドン・カザークの地へ逃げる者も少なくなかった。スチェパン・ラージンの大反乱の原因の一つはここにある。

（略）

ドン・カザークの社会は逃亡民の大量流入によって、かつての平等的な性格が失われていた。カザークは二万人を数えるまでになった。新参のカザークたちはドン河上流域や支流の町に住むことを余儀なくされ、軍団の運営、そして政府からの給付金の分配からも排除された。それは下流域に住む一部の富裕な古参カザークの手に握られたのである。

そうしたなかで一六六七年、スチェパン・ラージンを指導者とし、新参カザークを中核とする二年におよぶカスピ海略奪遠征が実施された。部隊はかなりの犠牲があったものの莫大な戦利品をもって帰還した。ラージンの声望は高まり、ドンはもとよりザポロジエ（宮脇註：早瀬の向こうの地、という意味でドニエプル河の下流の島の一つ、ウクライナのコサックの本拠地があった）からも大勢のカザークが押し寄せた。ドン・コサックの指導部は二分された。一六七〇年春ラージンは数千の大軍をひきいてふたたび遠征に出たが、このたびはヴォルガ下流沿いの町を攻撃した。（略）反乱にはヴォルガ河流域の非ロシア人異民族や都市細民なども加わり、大きくふくれあがった。政府は最新の装備の大軍を送り出し、十月にラージン軍に打撃を与えた。ドンに帰ったラージンは翌年春、仲間によって捕らえられ、六月、赤の広場で処刑された。反乱ののち旧来のドンの自治権はすべて失われ、カザークは政府軍の指揮下に置かれたのである。

（前掲『ロシア史』P．147以降より抜粋）

スチェパン（昔はステンカと習いましたけどね）・ラージンの出たジモヴェイスカヤという村は、その百年後にプガチョーフが出た村です。

引き続き参考として、プーシキン「プガチョーフ叛乱史」の注記を引用します。

元来、コサックは農奴制の確立過程にその抑圧からロシア国境外の辺地に逃れてきた農民からできた独特の武装集団で、実質的に遊牧民族の襲撃から本土をまもる役割と、辺地開拓の役割をはたしてきた。中央政権の強化と領土拡大にともない、政府はコサックをその権力下におき、国境守備と兵力の強化に利用しようとし、その代償として彼ら独自の社会組織や習慣を認めて、自治を許し、また貨幣や物資を与えてきた。そして外務担当の役所がその交渉にあたってきた。

一七一八年にピョートル一世が以前の官署制度を廃して、陸軍参議会を設置し、コサックが外務参議会から陸軍参議会の管轄に移ってから、コサックに対する中央政府のしめつけは強まり、一七四〇年にはヤイーク・コサック軍団アタマンは選挙制から政府の任命制にかえられ、一七四四年にオレンブルグ県が設置されると、ヤイーク・コサックはオレンブルグ県知事の直接監督下におかれることになった。

（前掲『プーシキン全集』5「プガチョーフ叛乱史」原注 p.214 より抜粋）

ロシア政府がコサックを完全に支配下に置き、自由な騎馬軍団から、厳しく統率される正規軍へと変遷していったようすがうかがえます。

さまざまな史料を総合すると、コサックの起源は、十五世紀後半に黄金のオルドが分裂したあと、ジョチ家の支配から離れてロシア正教徒になった遊牧民集団であろうと推測されます。その根拠として、ロシア史に登場するコサック集団のことを、十七世紀に中央アジアの故地からこの地に進出したモンゴル系遊牧民が書いた史料では、祖先を同じくする〝タタール遊牧民〟の名で呼んでいるからです。

十七世紀後半から十八世紀にかけて中央アジアの草原を席捲した最後の遊牧帝国ジューンガ

ルが、東京外国語大学から論文博士号を授与された私のもっとも専門とする研究分野です。絶版になってしまいましたが『最後の遊牧帝国――ジューンガル部の興亡』（講談社選書メチエ）を一九九五年に刊行しています。ジューンガルは元朝崩壊後に東のモンゴルと対立した四オイラト部族連合の一部族で、同じ部族連合の一つであるトルグート部が一六三〇年にヴォルガ河畔に移住し、ロシアからはカルムィクと呼ばれました。カルムィクの語源はトルコ語のカルマクで、留まった者という意味です。イスラム教徒になった他の遊牧民から、イスラム教に改宗しなかったからそう呼ばれたらしいのですが、十七世紀にはチベット仏教徒になりました。その子孫は、中国新疆北部と、ヴォルガ河畔にあるロシア連邦の小さな共和国に住んでいます。

話を戻して、では〝逃亡農奴〟説はどこから出てきたのでしょうか。

どうもロシア史では、歴史のいろいろな局面でこうした〝言い換え〟〝扱いの変更〟が起きるような気がしてなりません。

★ロシア史は偽造された

ロシアの歴史が何か変だ、というのは私だけの感覚ではありません。

岡田英弘はこのように言っています。

十九世紀からあとのロシアの国民学派の歴史家は、嘘ばかりついていて、われわれはモンゴル帝国の支配の外に超然としていた、キリスト教の信仰を守ってきたのだ、と言っているが、それは嘘っぱちである。

ピョートル（大帝）はモンゴル文明を排除し、西ヨーロッパとアイデンティファイしようとした。それと同時に、自分たちの歴史を偽造した。われわれはモンゴルに影響されたことはないのだ、つねにキリスト教の信仰を守って雄々しく戦ってきたのだ、というわけである。これはまったく嘘で、モンゴル支配時代の外交文書には、そういう片鱗もない。しかし、十八、十九世紀になって、西ヨーロッパ文明の輸入がひとしきり終わったところで、今度はロシアの伝統が必要だと気がついたわけだ。

それでロシア人のなかから、国民学派と言われる人たちが出てきた。……注目すべきことに、ロシアの国民文化をつくるために努力した詩人たち、小説家たちは、ほとんど外国人である。トルストイはドイツ人だし、プーシキンはたしかエチオピア人（宮脇註：母方の曾祖父が）である。レールモントフはスコットランド人だ。……ロシア文化は十九世紀に急遽発明された、偽造されたものなのである。

（『岡田英弘著作集I　歴史とは何か』藤原書店、二〇一三年「歴史とは何か、民族とは何か／歴史のある文明と歴史のない文明」pp.91-94）

専門分野を同じくする私の旧友で、彼の著書の日本語訳出版に私も助力したマイケル・ホダルコフスキーは、『ロシアの二〇世紀』（山内智恵子訳、藤原書店、二〇二三年）のまえがき「日本の読者へ」でこう述べています。

（略）イワン四世（宮脇註：雷帝）は、自分の絶対権力を抑制しうる二つの機構の力を大幅に削いだ。教会からは、領地の多くを取り上げることによって、そして、大貴族からは、殺して領地を奪うことによって。ここでも、ロシアの歴史科学は、議論を政治的領域に入れ込む。イワンの残虐さと破壊と暴力を非難する者がいる一方で、モスクワ大公国の統一と強さを保つためには、独裁が唯一の方法だったと主張する者もいる。

（前掲書「日本の読者へ」pp.5-6）

歴史の事実をどう解釈するか、そこで論争が起きるのは自然なことです。しかし問題なのは、事実の当否を争う場面に〝政治的領域〟が干渉してくることなのです。そしてしばしば、〝政治的領域〟に配慮して歴史が書き換えられていくのが「ロシアの歴史科学」ではないか、ということをホダルコフスキー氏は指摘しているのです。

ホダルコフスキーは同書「日本の読者への自伝的覚書」でも述べているように、冷戦時代にウクライナのキエフでユダヤ系の工場労働者の家庭に生まれました。彼の祖父世代は全員第二次世界大戦に召集され、「訓練なしですぐに前線に送られ、スターリンによって砲弾の餌食として使い捨てられて、他の何百万人という同じような男たちとともに殺されました」。ある世代は父が不在なのがふつうだったのです。

国内旅券の民族名欄に「ユダヤ人」と書かれているため、彼はウクライナで高等教育を受けられませんでした。そのため伝手を頼って抜け道を探し、辺境の自治共和国の大学へ進み、さらに一九七二年にアメリカから「ユダヤ系・ドイツ系・アルメニア人に移民を認めよ」と要求されたのを機に、ソ連を出てアメリカへ移住し、シカゴ大学大学院に進んだのです。

この辺境の自治共和国というのが、さきほど述べたジューンガル帝国の西端のカルムィク共和国で、彼がシカゴ大学に提出した博士論文がカルムィクとロシアの関係を論ずるものだったので、私たちは友人になったというわけです。

彼は七〇年代ソ連で猖獗《しょうけつ》を極めた反ユダヤ主義を身をもって体験し、その結果、歴史を見る冷徹なまなざしを獲得したように思います。

ホダルコフスキーは、ロシアで「悪い歴史」が力を持ってしまっていることを、はっきりと断言しています。

（略）プーチン氏は最初、両方（宮脇註：西欧派と、スラヴ派または「スラヴ愛好者」とされる二大勢力）の議論を使っていた。プーチン氏は、ロシアの経済発展や現代化を語るときには西欧派として振る舞ってみせる一方、退廃的な西欧文化や価値観に抵抗するロシア民族主義者およびロシア正教徒としても振る舞ってきた。プーチン氏が敵意に満ちた反西欧主義へと決定的に舵を切り、ロシアの特別な民族的アイデンティティとロシア人の特別な遺伝子を強調し出したのは、二〇一〇年代に入ってからである。これは、ロシアの民族主義と世界におけるロシアの特別な救世主的役割に関する十九世紀的な思想への、公の回帰を示すものであった。西欧派、つまり現在の民主主義者と、スラヴ派、つまり現在のロシア民族主義者の両者が、どのようにロシア史を見ていて、過去からどのような結論を引き出しているのかを詳しく見てみよう。

伝統的に、ロシア史の主な論点はすべて、その時々の政治的および国家規範に合わせた歴史物語に合うように政治化されてきた。たとえば、キエフ大公国がどのように成立したかという問題は、すでに十九世紀初期に議論になっていた。ロシア民族主義の勃興に伴って、多くのロシア史学者は、スカンジナヴィアのヴァイキングが九世紀にやってきて地元のスラヴ人部族を支配しキエフ大公国を作ったことを示す、論争の余地のない考古学的・歴史学的証拠を疑問視し、キエフ大公国を作ったのはスラヴ人部族であって、ヴァイキングはほとんど貢献していないと主張するようになった。

（前掲書「日本の読者へ」pp.1-2）

〝ロシア史の主な論点はすべて、その時々の政治的および国家規範に合わせた歴史物語に合うように政治化されてきた〟……ここです。これがどれほどの〝悪〟であるか、〝悲劇〟であるか。歴史をないがしろにすることで侵略戦争が起き、多くの人びとが苦しむ、という実例になってしまった、と言えます。

「よい歴史」が道徳的価値判断とも、功利的価値判断とも一線を画し、歴史的真実だけを追究するものだとしたら、「悪い歴史」は、一面的な道徳・実利・権力に奉仕し、首尾一貫性を軽視する歴史、と言えるでしょう。

古代ルーシを建国したのがスラヴ人ではなくヴァイキングだった、というのは、国の祖先の英雄物語としては少し恰好がつかない、ならば書き直してしまえ、というほんの少しのデタラメが（これだけがきっかけだったとは断言できませんが）、侵略戦争の引き金を引く「歴史学」「地政学」へとつながってしまったのです。

★「ユーラシアニズム」という名のロシア・ファシズムの発生

帝政ロシアやソ連には伝統的に言論の自由がなく、権力を批判する言論は弾圧されました。しかし例外的に、ソ連崩壊の前にゴルバチョフ政権が「ペレストロイカ（再構築）・グラスノスチ（情報公開）」をうたったため、政府やソ連共産党を批判する言論が許容された時期があります。

ところがそのとき生まれたのが、なんともまがまがしい愛国主義と歴史の混合物だったのです。

一九八〇年代後半の「公開性《グラスノスチ》」の時期の間に、共産党や政府を批判する新しい自由によって民主主義が拡大したが、その共産党批判の中から闇の力が現れつつあることに気づいた者はほとんどいなかった。その闇の力とは、超民族主義の極右勢力である。一九八七年の秋、当初はロシア歴史文化振興会として組織されたいくつかの団体が「パーミャチ」（「記憶」）という名の民族愛国戦線に再編された。この戦線は、正教、霊性、国民性に基づく「ロシア民族の民族的・霊的再生」を目的としていた。パーミャチの結成にはKGBが強く関与していると多くの人が信じていた。

一年のうちに戦線はいくつかの小さいグループに分裂したが、名前は同じ「パーミャチ」であった。異なる派閥間の激しい対立にもかかわらず、彼らは皆、ロシアの超民族主義、全面的な外国人忌避、毒々しい反ユダヤ主義という共通のイデオロギーによって団結していた。スターリンの遺産を崇める民族主義的ボリシェヴィキがいる一方で、皇帝の正教帝国復活論者もいたが、世界は国際的シオニズムとフリーメーソンの西側によって危険にさらされていると彼ら全員が信じていた。

（前掲書「第十章　ロシア民主主義の興亡　1990－2000」pp.371－372）

超民族主義「パーミャチ」の代表的思想家に、〝プーチン大統領の思想的メンター〟とまで言われたアレクサンドル・ドゥーギンがいます。一九六二年生まれとまだ若く、パーミャチに加わって活動を開始したのは一九八八年とされます。

ドゥーギンは「ロシアに真正のファシスト的ファシズムが到来する」と言ったり、スターリンとソ連への郷愁を、社会的・宗教的保守主義と結びつけるなど、ロシア的ファシズムを構想している、と言われます。そして、ロシアの敵は、アメリカの覇権主義と、西側諸国の自由主義だ、としています。

ドゥーギンは一九九七年に『地政学の基礎』を著わし、本書はエリツィン大統領時代、ハイパーインフレで恐慌状態のロシア政府内で幹部たちに広く読まれることになりました。同書の主旨は「反西洋」で、〝アメリカとNATOは旧ソ連の諸共和国を緩衝《かんしょう》地帯にして、ロシアを封じ込めようとしている〟と主張します。ソ連を再建し、日本・イラン・ドイツと外交同盟を結び、アメリカをユーラシア大陸から追い出せ、とも言います。日本とドイツを味方と考えるため、ドゥーギンは大日本帝国やナチスを称賛することもあるそうです。

もともと民族主義・反米主義・ネオナチズムは世界のあちらこちらの過激派にも見られる主張ですが、ドゥーギンがユニークなのは、そこに「ユーラシアニズム」を加えたことです。

ユーラシアニズムは、ロシア革命後の一九二〇年代に、亡命ロシア人（白系ロシア人）思想家が唱えたものです。代表的な論者はニコライ・トルベツコイ（一八九〇－一九三八）で、リトアニア系のロシア貴族として生まれましたが、革命後に東欧に亡命しました。

ユーラシアニズムをひと言で言うと「非ヨーロッパ」で、「ロシア正教」を軸としたロシア帝国を再興する、という思想です。ソ連を嫌がって亡命した白系ロシア人たちですが、ロシア革命を受容して超克しようとする思想、とも言えるでしょう。ソ連崩壊後の九〇年代には「ネオ・ユーラシアニズム」が勃興《ぼっこう》し、ここにドゥーギンらが浮上します。

トルベツコイは一九二〇年に刊行された『ヨーロッパと人類』で、〝欧米の思想的影響からロシア知識人は解放されるべきだ〟〝巨大なモンゴル帝国を築いたチンギス・ハーンの遺産をロシア民族が受け継いで、ユーラシア大陸全土を支配するロシア帝国を建設せよ〟と主張しました。

トルベツコイの思想はソ連時代は禁止されましたが、ペレストロイカ期に復活しました。パーミャチなどの現代ロシア過激思想の、古い歴史的下地となったと言えるでしょう。

ドゥーギンも、〝ロシアの価値観は西欧の自由主義とは正反対〟で、〝ロシアがユーラシア大陸を救って帝国を打ち立てねばならない〟と主張しています。

「帝国を再興すべし」とロシア人が言うとき、彼らが思い浮かべているのは、モンゴル帝国にほかならないのです。

★弱点は美徳、後進性は特別な運命——ロシア人の歴史的な諦め

ふたたびホダルコフスキーの『ロシアの二〇世紀』から引いてみましょう。

（略）ドゥーギンは、ロシアは民族主義と帝国の組み合わせという点でユニークであり、帝国がなければ「ロシア人はアイデンティティを失って国家として消滅する」と信じていた。

ドゥーギンの思想はロシア的報復主義の処方箋であり、苦しみ、不満、そしてかつてのソ連の偉大さへのノスタルジアという肥沃な土壌に根を下ろした。多くのロシア人たちが新しい自由を混沌や腐敗と結びつけ、ソ連崩壊を力と威信の喪失に結びつけていたとき、ドゥーギンは、跪いていないで立ち上がり、かつての栄光の日々を取り戻せと煽動したのである。

『地政学の基礎』はまたたくまにベストセラーになり、ロシアの軍学校で入門書として採用された。本は数回増刷され、ドゥーギンの思想はウイルスのように広がった。ロシア人たちは新

しい民族的アイデンティティを求めていたので、唯一の民族的運命を担う「大ロシア」というドゥーギンの情熱的ビジョンは多くの人々を奮い立たせ、惹きつけた。「地政学」という言葉が、経済的繁栄や市民社会や法の支配への懸念を覆い隠すマントラとなった。拡大する保守勢力はドゥーギンの思想を軸にまとまっていった。ロシアは、弱点が美徳であり後進性がロシアの特別な運命とされる、おなじみの歴史的立場に戻ってきたのである。

(前掲書「第十章　ロシア民主主義の興亡　1990‐2000」pp.373‐374)

最後のところに重要なことが述べられています。

〃弱点が美徳であり後進性がロシアの特別な運命とされる、おなじみの歴史的立場〃とは、簡単に言うと、ロシア人が自分たちと西欧人を比べて、劣等感や引け目を感じること、としていいでしょう。そして、その反動でロシア人は西欧に与《くみ》するのを拒んだり、ユーラシアの盟主になろうとしてしまう、と言えるでしょう。

ロシアが後進的な理由は、歴史的にしばしば〃タタールのくびき〃がいまも影響しているからだ、と説明されます。タタールの祟《たた》りではありませんが、ロシア人は自分たちの境遇をそのように解釈し、受け容れていると言えるでしょう。

しかし、モンゴル帝国の支配が実際どのようなものだったかは、第四章で説明したとおりです。

ゆるく、寛大な支配で、広く薄く税を取り立てるために商工業を奨励し、交通を盛んにする。

帝国の支配者も富むし、被支配者たちも豊かになれる、いわゆるＷｉｎ－Ｗｉｎの関係とも言えるものでした。

モンゴルは当時のロシア人であるルーシたちをことさら圧迫したわけではありませんし、逆に、徴税官として権力を委譲した結果、モスクワ公は実力をつけて大公国へと発展できたのです。

しかし、そのモンゴル支配を〝タタールのくびき〟と呼び、モンゴルに臣従したことは苛烈な民族的体験だった、モンゴルの支配は苛酷でロシア人は不幸になった、その悪影響は何世紀も続き、ロシアの近代化を妨げた、ということがこんにちのロシア人の総意になっているのは、なぜでしょう。

たしかに、モンゴルによる征服戦争では、抵抗する勢力は皆殺しにされ、町も焼き払われたケースが多いです。モンゴル軍は少なく見積もっても五十万人を殺した、いや人口の半分を殺した、といった推計をする歴史家もいます。

ロシア史では、その要所要所で人びとの血が大量に流されます。モンゴルの征服戦争もそうですし、帝政時代のシベリア開拓ではコサックや農民の移住者だけでなく、囚人を流刑で送り込んで苛酷な労働に従事させました。寒冷地で重労働をさせると数年しか生きられないのです。

革命後のソ連時代はラーゲリ（強制収容所）に政治犯を捕らえて、やはり強制労働をさせました。

「大祖国戦争」と言われる第二次世界大戦では、千四百万人にのぼる軍人の犠牲者、千八百万人もの民間人犠牲者が出ています（数字は最大推計）。これはもちろん、連合国・枢軸国のなかで最多の犠牲者数です。

ドイツや日本の戦争捕虜もラーゲリに何年も閉じ込められ、国際法違反の強制労働・劣悪環境を強いられ、大勢が客死させられました。

ソ連時代のアフガニスタン侵攻（一九七八－九二年）では一万四千人が戦死したとのことですが、ベトナム戦争（直接参戦一九六一－七五年）のアメリカ軍戦死者・行方不明者五万八千人と比べるとずいぶん少なく見えます。

対外戦争ではありませんが、シリア内戦への介入や、チェチェンのイスラム勢力弾圧でも多数の民間人死傷者を出しています。

そしてこのたびのウクライナ侵略（二〇二二年－）ですが、一年半でロシア側十二万人、ウクライナ側七万人（どちらも最大推計）もの戦死者（民間人犠牲者は含まない）が出ているとされます。またロシア軍はブチャやマリウポリなどウクライナ各地で民間人を虐殺したことも判明しています。

たしかに戦争は非常事態のなかでも最大の非常事態ですが、であればこそ、その集団の本質があらわになるのかもしれません。民間人を殺害することは、古くからの戦時国際法でも違反とされています。それを守らないのは、法を守る意志がない、ということではないでしょうか。七百年前のモンゴル軍の残虐さがあとを引いている、というよりも、ロシア人たち自身のなかに残虐な動機があるのではないか。敵・味方ともに命を軽んじる、人権を軽視するのが当たり前という歴史的背景があるのでしょうか。

〝弱点が美徳であり後進性がロシアの特別な運命〟とはどういうことなのか、じっくり考えねばならないところです。

★ロシア人とは誰か――「ルースキー」と「ラシアーニン」

ロシア人のなかに残虐な動機があるのではないか、人権を軽視するのが当たり前なのか、ということなど、本当は考えたくないし言いたくないことです。ロシア人とはどういう人たちなのでしょう。

ここでもう一度、第二章で述べた木村汎先生の言葉に戻りたいと思います。

ソ連時代はロシア語に二つの言葉がありました。「ルースキー」というのはロシア人、それに対して、民族、言語、宗教の点ではロシア人でないけれども、ソ連邦の一員、すなわちソ連市民という意味での「ラシアーニン」という言葉がつくられ、加わった。よく考えてみると、これは不自然なことです。バルト三国のエストニア人、ラトビア人、リトアニア人が、チェチェン人やカザフ人と同一国の人間というのは、どうも不自然である。宗教、民族、言語も全部違うのに、同一国民とみなすのは土台無理の感じがする。

そうなのです。「ルースキー」が本当のロシア人で、「ラシアーニン」は、ロシア人に支配されている二級市民という意味を言外に含んだ言葉なのです。なぜなら、「ロシア文学」や「ロシア音楽」や「ロシア美術」や「ロシア語・日本語辞書」はすべて「ルースキー」なのですから。そしてこの言葉の起源は「ルーシ」にあります。

「ロシアの」という意味に使うとしたら、「ラシアーニン」のほうが正確な語形ではないかと私は思うのですが、この言葉は『ロシア語・日本語辞書』に掲載されていないこともありますし、掲載されていてもただ「ロシア人」とあるだけで説明はありません。

木村先生はソ連時代のことだけを問題にされましたが、じつは帝政ロシア時代にも、スラヴ系ではない被支配民族、すなわち、ユダヤ人や草原の遊牧民やイスラム教徒やその他のアジア諸民族が「ラシアーニン」と呼ばれたのです。つまり、ロシア帝国の臣民ではあっても、ロシア語を話す本当のロシア人ではないという意味なのです。

ソ連時代にもこの伝統は引き継がれ、ロシア語が母語ではないけれどもロシア人の支配下にある、ソ連邦を構成するさまざまな共和国の人民が「ラシアーニン」と呼ばれたので、木村先生は、宗教や言語が違うのに同じ民族なのはおかしい、と言われたのです。

一九九一年十二月にソ連邦が消滅したとき、ソ連を構成していた十五のソビエト社会主義共和国は、前年に独立を宣言していたバルト三国を除いた十二か国が「独立国家共同体」（CIS）として独立しました。多数の「ラシアーニン」は自分の民族名を取り返したわけです。

しかし、いまでもロシア連邦の領土内には、多くの自治共和国や自治州や自治管区がとり残されています。地図④（P114）を見てください。そして、その人びとを、われわれ日本人は、ロシア連邦の国民だからと、単純にロシア人と考えますが、本当のロシア人、つまりルースキーから見ると、ロシア語を母語としない彼らは、ラシアーニンではあってもルースキーではないのです。

このことは、中華人民共和国の漢人と、いわゆる少数民族との関係を思い起こさせます。漢人にとっては、漢字を使う人間だけが本当の中国人で、漢語以外の母語がある人間は、格下扱いです。第四章で見てきたとおり、モンゴル人もチベット人もウイグル人も、独自の言語文化と宗教と自分たちの歴史を持っているのに、漢字を読まなければ野蛮人と考えるのが中国人です。

ロシアのことを考えるときに、私がもう一つ大問題だと思うのは、ロシア連邦の領土の大部分が地理上の区分としてはじつはアジアにあるのに、国連の地域区分によると、国家としてのロシアはヨーロッパに分類されているということです。つまり支配階級がスラヴ系のロシア人だから、ロシア人つまりルースキーはヨーロッパ人だという判断ですね。

二〇二二年十一月、ローマ教皇が「ウクライナに侵攻しているロシア軍で、もっとも残虐なのは非キリスト教徒のチェチェン人やブリヤート人ら少数民族の部隊である」と発言しました。その後、ロシアの抗議を受けてバチカン（ローマ教皇庁）が謝罪したそうですが、あいかわらず、ヨーロッパあるいはキリスト教徒が善であり正義で、アジアは格下であるという抜きがたい偏見が見られます。その偏見は、第一章で述べた、紀元前五世紀にギリシア語で『ヒストリアイ』を書いた、歴史の父ヘーロドトスに遡るわけですけれど。

ここで言及されたブリヤート人はバイカル湖の周辺に住む少数民族で、かつてはブリヤート・モンゴルと呼ばれました。スターリンが汎モンゴル主義を怖がって、モンゴルと呼ぶことを禁止したのですが、南のモンゴル国国民とは同族で、国民の大多数はチベット仏教徒です。高等教育への進学率は、ロシア連邦内ではユダヤ人に次いで二位だと、モンゴル系言語を専門とする社会言語学者の私の友人が言っていました。ロシアの部分動員令の徴兵対象が、シベリアやカフカス地方の少数民族に偏っていると聞きましたが、ウクライナ人だけでなく、動員されたロシア兵にも私は心が痛みます。

★「カリスマ的指導者」と「巨大な地理的領域」を切望するネオ・ユーラシアニズム

先に触れた二十世紀初頭のトルベツコイから現代のドゥーギンに至るまでに、もう一人、言及すべき思想家がいます。一九八〇年代のペレストロイカ期にユーラシアニズム復活を主導したレフ・グミリョフ（一九一二－一九九二）です。グミリョフはサンクトペテルブルク出身、両親は有名な詩人で、本人は歴史家、また民俗学・地理学・人類学の学者でした。

グミリョフは〝ある民族集団が、カリスマ的指導者の影響によって他の拡張する民族集団と対抗して、巨大な地理的領域を支配する大国へ発展する〟という「超民族」「民族生成」理論を説きました。これが「ネオ・ユーラシアニズム」と呼ばれ、ソ連崩壊で共産主義という精神的支柱を失い、アイデンティティが揺らいでいるロシア人たちから支持されたのです。

どの国であれ、自民族をほめ称え、自尊心を持ち、自国よ発展せよと願うのは当たり前のことです。自分が帰属する集団が悪い存在だとか、落ちぶれたらいい、と願う人はふつうは少ないものです（日本の知識人は自国をけなすことが良識とか進歩的なことだと思っているようですが）。

グミリョフの理論から骨子を抜き出すとすれば、「カリスマ的指導者」と「巨大な地理的領域」の二つではないでしょうか。イヴァン雷帝やピョートル大帝、あるいはレーニン、スターリンといった〝カリスマ〟を待ち望むことと、モンゴル帝国やソビエト連邦のように広大な〝領土〟を所有することがネオ・ユーラシアニズムの必須条件なのです。

ここで思い出されるのが、第一章で触れた「アメリカン・ドリーム」です。アメリカ人は、〝みんな同じスタートラインから出発して、自力だけで自分の一生を築き上げること〟を誇りとします。それがだんだん実現不可能になってきたからアメリカも危機なのですが、ともかく「私が偉くなるんだ」という独立自尊の精神は強烈に持っています。他の誰かがカリスマや英雄として登場するのを待つのではなく、自分が英雄になろうとする。このバイタリティというか厚かましさというか、ともかく積極性がアメリカ人やアメリカ社会を特徴づけていると言えます。

ロシア人はアメリカ人と違って「カリスマ・英雄待望論者」です。救国の英雄・カリスマが他者として現われ、ロシア人を導いてくれるのを期待している。

これは厳しい自然環境・社会環境の反映であろうと思われます。全土のほとんどが寒冷地ですし、上にツァーリやロシア正教会の権威があり、下には農奴制のくびきがある。土地に縛りつけられた農民は、救世主を待ち望むことしかできなかったでしょう。

これは歴史に対するスタンスの違いになりますし、世界を認識する認知の歪みにすらなるかもしれません。

もう一つの「巨大な地理的領域」ですが、これも長い歴史のうちにボタンの掛け違いが生じているように思えます。

というのも、トルベツコイが言った「巨大なモンゴル帝国を築いたチンギス・ハーンの遺産をロシア民族が受け継ぐ」ということに対し、本来「巨大な地理的領域」が必要なのかどうか、慎重な検討を要するのではないか、と考えられるからです。

これまでも再三述べましたが、モンゴル帝国は遊牧民族なので、土地の所有という概念が稀薄だったのです。私たち現代人の目には、モンゴル帝国の版図は広大無辺に見えますが、モンゴル人自身は版図の広さを誇りに思ったりしていたのかどうか。モンゴル帝国は、土地そのものを支配するのではなく、交通を盛んにし、商業を興し、人びとが富むところから税を取る、という統治手法を一貫してとりました。また、情勢次第ではそれまでの都を捨てて撤退することもしばしばありました。牧草地に草がなくなったら移動するのと同じように。寸土を死守する、といった発想とは無縁です。

しかしロシアの文化は農奴制を基礎とする農業社会でした。農業社会では土地を所有しているかどうかは重大です。モンゴルの遊牧帝国の版図の概念が、寸土を惜しむ農民的な発想にすり替わったところがありはしないでしょうか。

「カリスマ待望」と「広い領土」という二つの呪いが、現代ロシア人を縛っているのではないでしょうか。

★歴史を改竄する動機にある民族的思想とは

ロシアの歴史が、微妙に事実から変わって記されている、という疑義がある。これをはっきりさせるべきかもしれません。

これまで挙げてきたトピックを含め、私の過去の著作からも引きながら、少しまとめてみましょう。

①「ルーシの祖先は古代スラヴ人だった」↑事実は、ルーシの祖先はスカンディナヴィア人です。

②「モンゴルのバトゥ軍はロシアの四分の三の都市を破壊し、多くの職人を連行したため、ロシアの手工業は西欧よりも百五十年以上遅れた」↑バトゥ軍の蹂躙は嘘ではありませんが、当時のルーシには記録がないためその規模は不明です。またロシアの手工業が発達するのは、モンゴル帝国支配下でイスラム圏と交流ができてからです。

③「タタールのくびき。アジアの野蛮人による圧政のもと、人々は苦しめられた」↑実際は比較的寛大な統治で、モスクワなどには徴税を代行した自治的有力者が育ちました。

④モンゴル帝国のうち、チンギス・ハーンの長男ジョチ家がロシア支配を担当したが、ルーシの支配層だったリューリク家ではチンギス家の皇女たちと婚姻を結び、ハーンの娘婿《むこ》としての特権を享受した。

⑤スウェーデン軍を破った英雄アレクサンドル・ネフスキーは、スウェーデンやドイツ騎士団には徹底的に敵対したが、「黄金のオルド」には恭順《きょうじゅん》を示し、終生友好的だった。

⑥ロシア人が初めて「タタールのくびき」をはね返したとされる一三八〇年の「クリコヴォの戦い」↑じつは「黄金のオルド」の内紛で、ハーンを僭称《せんしょう》した勢力がモスクワ大公軍に敗れた、というもの。翌々年正式なハーンがモスクワを攻めて大公軍を駆逐している。

⑦モスクワのツァーリはラテン語で「白い皇帝」と自称した。↑モンゴル語では「白いハーン（チャガン・ハーン）」で、モンゴル帝国の継承者を意味する。

⑧モスクワ大公イヴァン三世はビザンツ帝国（東ローマ帝国）最後の皇帝の姪と結婚した

（一四七二年）ので、モスクワ国家は一四五三年にオスマン帝国に滅ぼされたビザンツ帝国の正式継承国家と言える。↑この理念が提唱されたのは五十年以上経った十六世紀初めで、当時はそのような意識はなかったと思われる。

（宮脇淳子『どの教科書にも書かれていない日本人のための世界史』ＫＡＤＯＫＡＷＡ、二〇一七年「第５章　ロシア帝国は「黄金のオルド」を受け継いだ」より抜粋）

こうして見ると、ロシア人の歴史意識には奇妙なよじれがあるように思えてきます。ロシア人の祖先がスカンディナヴィア人ではまずい、ロシアはモンゴルの圧政に苦しめられたのだ、ロシア諸公がモンゴルに恭順していたのは隠すべきだ、ロシアはモンゴルに勝ったことがある、ロシアはモンゴル帝国ではなくビザンツ帝国の後裔だ……。

そして現代の「ネオ・ユーラシアニズム」は、「ロシアはモンゴル帝国のような巨大帝国を再興せねばならない」と主張しているのですから、いよいよこんがらがってきます。いったい、ロシアの歴史像はどこへ向かっているのか。

歴史を変えようとする傾向は、どこから来るのか。

先に紹介したホダルコフスキー氏の言葉に、『『地政学』という言葉が、経済的繁栄や市民社会や法の支配への懸念を覆い隠すマントラとなった」という箇所がありました。ここは重要です。

現実の、経済の先行きや社会の法秩序に不安があることを、「地政学」という言葉で覆い隠す。これはつまり、「大帝国を再興できれば、いまの問題は解決する」という一種の棚上げ、ユートピア思想ではないでしょうか。

ユートピア思想は、千年王国思想ともいい、救世主《メシア》待望論（ロシアのカリスマ待望論と似ています）や、「ヨハネの黙示録」的な最終戦争論にも通じます。最終戦争が起き、救世主が現われて自分たちが勝利し、千年王国を打ち立てて永遠に繁栄する、という夢物語です。

ユートピア思想自体はイスラム教・キリスト教・ユダヤ教の一神教や、さらに古いゾロアスター教の善悪二元論から続く原初的な宗教観念です。ヘーロドトスの『ヒストリアイ』に始まる、〝二大勢力が激突する対決と変化こそが歴史である〟という西ヨーロッパ文明的な歴史観にも影響を及ぼしています。

ただし、〝ある思想にもとづいて歴史を読む〟のと、〝あるストーリーに合うよう歴史を書く〟のは違います。後者はしばしば、歴史を書き換えるという過ちを犯してしまいます。

★ロシア、中国がそれぞれ夢想する「モンゴル帝国再興」は可能か

先の第四章では、習近平の中国が提唱した「一帯一路」構想は、じつはシルクロードの再現などではなく、モンゴル帝国の再現をめざしているのだ、と述べました。モンゴル帝国の再現とは、ユーラシア大陸全体を支配する世界覇権、と言い換えてもいいでしょう。

そして、いまウクライナを侵略しているロシアも、「ネオ・ユーラシアニズム」なる歴史観を背景に大ロシア帝国の建国、つまりモンゴル帝国の再現を狙っていることがわかってきてい

ます。

はたして現代にこのような、武力による現状変更・領土の強奪や、経済開発に見せかけての勢力範囲の拡大は許されるのでしょうか。いいえ、そもそも現代の世界でそうした野望の実現が可能なのでしょうか。

第二次世界大戦後の現代世界では、「民族自決の権利」が世界各国の共通了解事項となっています。

おのおのの民族は政治的に独立し、自分の政府をつくる権利がある、というものです。これは植民地にされたり隷属的支配を受けない権利であり、他国と連携したり統合したりすることも自分たちの意志で決められる権利とされます。

他の民族といっしょになって複合民族国家をつくることもできますし、国内の少数民族に政治的・経済的な自決権を保障せよ、という〝内的自決〟や、文化的共同体として民族が同一性を保つ権利も議論されています。「民族」の定義など、難しいところもありますが、民族自決の政治原則自体は否定できないものとされます。

そして近年の国際社会では、先住民族や少数者（マイノリティ）の自決権を保障することが大きな課題となっています。

ただし、国際社会でも例外の国があるわけです。ご承知のとおり、中国とロシアです。

中国は、チベット自治区・新疆ウイグル自治区・内モンゴル自治区での少数民族弾圧が国際社会から強く批難されても、まったく平気で、真面目に対応する気がありません。ロシアは隣国ウクライナを武力で侵略している真っ最中です。

しかも中国とロシアは国際連合・安全保障理事会の常任理事国であるため、この二国が拒否権を行使する結果、安保理も国連も機能不全に陥っています。

たしかに、国連参加国の多くは発展途上で、人権についても未整備な国が多いです。はっきり人権抑圧国家だと指弾されている国は中国・ロシアだけではないのですが、それらの国が人権理事会に名を連ねていることすらあります。こんなのバカらしくてやってられないよ、と国連人権理事会を脱退したトランプ大統領（当時）のような例も起きるわけです。

それでも、少しずつ世界の人権状況が改善されるよう、漸進《ぜんしん》的な努力を続けるのが先進国の責務でしょう。こういうと「そんなのきれいごとだ」と反駁《はんばく》されるでしょうが、きれいごとだろうが理想を掲げ、そこに向かって進むことはノブレス・オブリージュ（身分の高い者にはそれに応じて果たさなければならない社会的責任と義務がある）なのです。

中国は、そうした共通了解事項・普遍価値を守り育むのではなく、法の隙間を縫って利益をあげるとか、自国の権益を拡大するために国連を使おうとします。ロシアに至っては、戦争を抑止すべき常任理事国が、明白な国際法違反である侵略戦争を起こすという本末転倒なことをおこなっています。さらにこの両国は、つごうが悪くなると「民族自決」を掲げて、内政干渉するな、と対話を拒みます。

この二大国がこれほどの価値紊乱《びんらん》・秩序の蹂躙を平気で働くのはなぜか。

これまで見てきたように、両国は「モンゴル帝国の後裔」を自認し、「モンゴル帝国の再興」をするのが自国の運命であり義務だ、と思っているからでしょう。そして、自分たちの国は欧米の先進国——先に豊かになった国——より遅れている、だから少々無理をしてでも豊かになる権利があるはずだ、というロジックを用います。だから他の国ぐにが守るべき秩序やルールも自分だけは無視してよい、となる……。

しかし、現代の世界で「モンゴル帝国の再興」ははたして可能なのでしょうか？

十三世紀、まだ世界が完全に踏破されておらず、新大陸も未発見だった頃ならば、フロンティアはどこにでもありました。チンギス・ハーンとその子孫たちは大陸を西へ西へと向かいましたし、近世のコサックたちはシベリアを東へ進み、自分が達した土地を自分のものにすることができました。もちろん先住者がいたわけですが、戦って屈伏させればそれでよかった。それが当時のルール、共通了解事項であり、秩序だったからです。

しかし現代はルールが変更されました。武力で領土を拡大するのは許されませんし、フロンティアももはやありません。世界のすべての土地が判明し、どこの領土でもない土地はもうないのです（南極大陸はどこの国も領有できない中立地とされます）。モンゴル騎兵やコサックと同じことをしようとしても、必ず誰かとぶつかり、戦いが起きます。そのとき、侵略した側には正当性はありません。

フロンティアの時代はそんな細かいことは考えなくてもよかった。とくに、定住しない生活を送る遊牧民は、自分が立っている場所が自分の場所だ、とシンプルに主張してよかった。現代でも定住しない人びとはいますが、定住民との軋轢《あつれき》やトラブルが頻繁《ひんぱん》に起きます。世界は便利に、豊かに、快適になるいっぽうで、ギスギスし、狭苦しくなりました。

こんな時代に「モンゴル帝国の再興」を掲げ、それを自国のアイデンティティとし、自国内の少数民族抑圧や経済・社会的矛盾から目をそらさせようとするのは、はたして胸を張って「誇り高きモンゴル帝国の継承者」と言えるのでしょうか。

★「よい歴史」を書く勇気を

ここで第一章で述べた「岡田史学」のエッセンスに戻りたいのです。

岡田英弘は、歴史家であるなら、覚悟を持って「よりよい歴史」を書け、と言いました。「よい歴史」とは、史料のあらゆる情報を、一貫した論理で解釈できる説明のことです。これにもいろいろ問題があり、「史料は何かの目的があって書かれたものだ」という制約があるうえ、「論理が一貫した説明」といっても誰の立場から見て一貫した論理なのかという問題も残ります。

また、「よい歴史」は、それがよい歴史であればあるほど、国家から、あるいは国民たちから嫌われます。どんなに見たくないものだろうが直視せよ、と迫ってくるからです。預言者は故郷に容れられませんが、歴史家も故郷から追われることは多いでしょう。どちらも耳が痛いことばかり言うからです。

しかし、大衆から人気を得るよりも、歴史的真実を明かすほうが大事だ、と決意した草莽《そうもう》の歴史家、個人としての歴史家が大勢現われたら、どうでしょう。ロシアではトルベツコイやドゥーギンといった個人の（在野の）歴史家が地下水脈のように世論を形成し、ついに国としてのあり方まで左右するほどになりました。

彼らが書いた歴史は、大衆から支持される歴史、つごうが悪いものは割愛したり変更したりした歴史でした。それゆえに、その歴史観は客観性を失い、歴史的真実すらないがしろにした「悪い歴史」に堕《だ》してしまいました。それがこんにちの怪物的なロシアを現出させたと言えないでしょうか。

中国も「一帯一路」が「モンゴル帝国の再現」だということを隠しているうちはいいでしょうが、領土的・植民地的な野心がはっきり出てきたらどうなるでしょう。もう一匹の怪物が現われることにならなければよいのですが。

「悪い歴史」に淫するのは中国・ロシアだけではありません。わが国でも、隣国をあなどったり、見下げたりする歴史観が人気を博している面があります。私たちが欲するストーリーに沿うよう、歴史を曲げて解釈しようという動きもつねにあります。

そうした欲望に負けず、一人ひとりの在野の歴史家が「よい歴史」へ向かって進めば、「悪い歴史」に対抗する力になるのではないでしょうか。

エピローグ

ロシアと題する著書を私が刊行することになるとは、これまで考えてもみませんでした。一九七二年に京都大学文学部に入学したとき、たしかにすぐにロシア語の初級講座を取りましたが、それはあくまで、これから勉強するつもりであるモンゴル史研究に必要であることを知っていたからです。

それからすでに五十年が経ちましたが、私のロシア語は一向に上達しません。いつも辞書を引き引き、どうしても読まなければいけないものだけを読むという生活です。私が読まなければいけない史料というのは、まだ正書法も確立していない十七世紀の、ロシア人ではない人が書いたロシア語だとか、古い文字で手書きされた手紙などですから、非常にたいへんです。ロシア語やロシア研究については劣等生であることを自覚しています。

そういう私が書いた本書は、正統的なロシア研究ではありません。私の専門の、モンゴルを代表とする草原の遊牧民から見たロシアについて述べたものです。

私だけの意見では自信がなかったので、私の夫で師である岡田英弘の著作集のなかでロシアについて述べた箇所や、ロシア研究者として著名な木村汎先生の文章、『ロシアの二〇世紀』（藤原書店　二〇二三年）の著者で私の親友のマイケル・ホダルコフスキーの見解を利用しました。プーシキンや日本のロシア専門家の研究も引用させていただいています。

草原から見たロシア史に関しては、拙著『最後の遊牧帝国　ジューンガル部の興亡』（講談社選書メチエ　一九九五年）と『モンゴルの歴史　遊牧民の誕生からモンゴル国まで』（刀水歴史全書五九　二〇〇二年　増補新版　二〇一八年）で、一般に流布しているロシア史とは違う角度から論じています。その研究をもとにした小文も、岡田と連名で連載した歴史エッセイ「世界史はモンゴル帝国から始まった」（月刊『ぺるそーな』計六十三回　二〇〇四年二月号～二〇〇九年四月号）や、「東洋史エッセイ」（WAC『歴史通』計三十七回　二〇〇九年四月号～二〇一六年一月号）などいくつも発表してきました。

『歴史通』の「東洋史エッセイ」は、中国や朝鮮半島を題材にしたものだけが『中国・韓国の正体』（WAC BUNKO　二〇一九年）に再録されましたが、モンゴルやロシア関連のエッセイは除外されました。「世界史はモンゴル帝国から始まった」はさらに分量は多いのですが、そのままになっていました。

旧知の扶桑社の編集者、小原美千代さんが、それはもったいないからなんとかしよう、と言って、彼女が古くから知っている有能なライター、瀬尾健さんを連れてきたのが本書の企画の始まりです。

瀬尾さんは岡田英弘のファンであることを公言して、せっかく私と仕事をするからには、岡田史学を広めるお役に立ちたいと、著者である私よりも熱心に本書に取り組んでくれました。私がこれまで書いた文章をすべて読み込み、再構築してみせて、さらに「入門・岡田史学」を書き足すようになど、あれこれと注文が出されました。

正直に申し上げると、企画が始まった当初、私は世のなかにかなり愛想が尽きかけていました。ロシアのウクライナ侵略も、中国のウイグル人やチベット人弾圧も、私が何を言っても変わらないと、引きこもり状態だったのです。

「プロローグ」の元気な文章は、私はこれほど明言したことはない、と最初は違和感があったのですが、よく読んでみると、たしかにこういうことを私は言ってきたなあと思わされるものでした。

それで思い出したことがあります。岡田を有名にしたベストセラー『この厄介な国、中国』（WAC BUNKO 二〇〇一年 改訂版 二〇〇八年）の原版は『妻も敵なり』（クレスト社一九九七年）という題名で、やはり凄腕のライターが、岡田の話した内容を書き下ろしたものでした。最初、岡田は「これは私の文章ではない」と抗弁したのですが、私から見たら、岡田の言いたいことがじつに上手にまとめられていたので、「読者によく伝わるのだからいいじゃない」となだめたものです。

このような情勢下で、本書を世に出すことができてありがたく思います。本書が日本人のロシア理解と中国理解の手助けになり、日本人がみずからの文化に自信を持って世界に発信できることを心より願うものです。

宮脇淳子

■参考文献

岡田英弘『歴史とはなにか』文春新書　二〇〇一年
岡田英弘『岡田英弘著作集Ⅱ　世界史とは何か』藤原書店　二〇一三年
岡田英弘『岡田英弘著作集Ⅶ　歴史家のまなざし』藤原書店　二〇一六年
岡田英弘編『モンゴルから世界史を問い直す』藤原書店　二〇一七年
岡田英弘・樺山紘一・川田順造・山内昌之編『歴史のある文明・歴史のない文明』筑摩書房　一九九二年
宮脇淳子『どの教科書にも書かれていない　日本人のための世界史』KADOKAWA　二〇一七年
宮脇淳子『教科書には書かれていない　封印された中国近現代史』ビジネス社　二〇一七年
宮脇淳子『モンゴル力士はなぜ嫌われるのか　日本人のためのモンゴル学』WAC　二〇一七年
宮脇淳子／監修岡田英弘『日本人が知らない満洲国の真実　封印された歴史と日本の貢献』扶桑社新書　二〇一八年
宮脇淳子『皇帝たちの中国史』徳間書店　二〇一九年
宮脇淳子『世界史のなかの蒙古襲来　モンゴルから見た高麗と日本』扶桑社新書　二〇二二年
井上達夫『ウクライナ戦争と向き合う　プーチンという「悪夢」の実相と教訓』信山社・法と哲学新書　二〇二二年
川端香男里・米川哲夫訳『プーシキン全集5　評論・歴史・紀行』河出書房新社　一九七三年
三浦雅士『身体の零度　何が近代を成立させたか』講談社選書メチエ　一九九四年

宮崎市定『雍正帝　中国の独裁君主』岩波新書　一九五〇年
和田春樹編『世界各国史22　ロシア史』山川出版社　二〇〇二年
サン＝テグジュペリ／内藤濯『星の王子さま』岩波少年文庫　一九五三年
ジャレド・ダイアモンド／倉骨彰訳『銃・病原菌・鉄』上・下　草思社　二〇〇〇年
ディーノ・ブッツァーティ／脇功訳『タタール人の砂漠』岩波文庫　二〇一三年
マイケル・ホダルコフスキー／山内智恵子訳／宮脇淳子跋『ロシアの二〇世紀　１００の歴史の旅』藤原書店　二〇二三年

構成・編集協力　瀬尾 健
装丁　堀 競(堀図案室)
本文校正　皆川 秀
DTP 制作　生田 敦
地図製作　テイク・オフ

宮脇淳子(みやわき・じゅんこ)

1952年和歌山県生まれ。京都大学文学部卒業、大阪大学大学院博士課程修了。博士(学術)。専攻は東洋史。大学院在学中から、東京外国語大学の岡田英弘教授からモンゴル語・満洲語・シナ史を、その後、東京大学の山口瑞鳳教授からチベット語・チベット史を学ぶ。東京外国語大学アジア・アフリカ言語文化研究所共同研究員を経て、東京外国語大学、常磐大学、国士舘大学、東京大学などの非常勤講師を歴任。現在、昭和12年学会会長、公益財団法人東洋文庫研究員としても活躍。著書に『世界史のなかの蒙古襲来』(小社刊)、『封印された中国近現代史』(ビジネス社)、『中国・韓国の正体』(WAC)、『モンゴルの歴史』(刀水社)、『どの教科書にも書かれていない 日本人のための世界史』(KADOKAWA)、『日本人が教えたい新しい世界史』『満洲国から見た近現代史の真実』『皇帝たちの中国史』(徳間書店)などがある。

モンゴル、中国から歴史認識を問い直す

ロシアとは何か

что такое россия

発行日　2023年11月10日　初版第1刷発行
　　　　2024年3月10日　　　第2刷発行

著　者　宮脇淳子
発行者　小池英彦
発行所　株式会社 扶桑社
〒105-8070
東京都港区海岸1-2-20 汐留ビルディング
電話　03-5843-8842(編集)
　　　03-5843-8143(郵便室)
www.fusosha.co.jp

印刷・製本　サンケイ総合印刷株式会社

Printed in Japan ISBN978-4-594-09563-5